Universo dos Livros Editora Ltda.
Rua do Bosque, 1589 • 6º andar • Bloco 2 • Conj. 603/606
Barra Funda • CEP 01136-001 • São Paulo • SP
Telefone/Fax: (11) 3392-3336
www.universodoslivros.com.br
e-mail: editor@universodoslivros.com.br
Siga-nos no Twitter: @univdoslivros

RICARDO CAETANO

DESVENDANDO O
HALO

São Paulo
2014

UNIVERSO geek

© 2013 by Universo dos Livros
Todos os direitos reservados e protegidos pela Lei 9.610 de 19/02/1998.
Nenhuma parte deste livro, sem autorização prévia por escrito da editora, poderá ser reproduzida ou transmitida sejam quais forem os meios empregados: eletrônicos, mecânicos, fotográficos, gravação ou quaisquer outros.

1ª edição - 2014

Diretor editorial
Luis Matos

Editora-chefe
Marcia Batista

Assistentes editoriais
Raíca Augusto
Nathália Fernandes
Cássio Yamamura

Preparação
Julio Cesar Domingas Silva

Revisão
Bárbara Prince
Paula Fazzio

Arte e capa
Francine C. Silva
Valdinei Gomes

Dados Internacionais de Catalogação na Publicação (CIP)
Angélica Ilacqua CRB-8/7057

C131d
    Caetano, Ricardo
    Desvendando o Halo / Ricardo Caetano. – São Paulo: Universo dos Livros, 2014.
    128 p. : il., color.

    ISBN: 978-85-7930-682-2

    1. Halo (jogo) 2. Jogos de fantasia I. Título

13-1075   CDD 793.3

SUMÁRIO

Capítulo 1	Halo	6
Capítulo 2	Facções e espécies	12
Capítulo 3	Personagens principais	28
Capítulo 4	Máquinas de guerra	42
Capítulo 5	Arsenal	50
Capítulo 6	Jogos	58
Capítulo 7	Linha do tempo	98
Capítulo 8	Glossário	122

CAPÍTULO 1
HALO

Há 100 mil anos, enquanto a humanidade ainda estava em seu início, civilizações guerreavam no espaço. De um lado havia os Flood, uma espécie de parasita que se alimentava de seres vivos inteligentes. Por serem parasitas, devastavam tudo por onde passavam. De outro lado, uma civilização não mediu esforços para combater os Flood, já que também era um alvo em potencial deles: os Forerunners, sociedade bastante avançada tecnologicamente e que fez de tudo para impedir que os Flood se espalhassem e destruíssem todas as formas de vida inteligente ao seu alcance. Mesmo assim, os Flood avançaram de maneira perigosa e a resposta teve de ser à altura.

    Os Forerunners criaram uma tecnologia chamada Halo, que se materializou em grandes estações espaciais em forma de anel que, ao serem acionadas, emanavam uma carga de energia capaz de destruir todas as formas de vida inteligente que estivessem em sua área de alcance. Eles construíram uma rede de tais estações para que uma explosão atingisse e ativasse todas. Porém, a guerra exauriu as forças dos Forerunners, que deixaram ativa a tecnologia Halo e sumiram pelo espaço.

HUMANOS E O PROJETO SPARTANS

Para os Forerunners, a humanidade era uma raça que deveria permanecer na Terra até que evoluísse e pudesse fazer parte da sociedade espacial. Eles zelavam pela segurança dos humanos e de outras civilizações do mesmo nível. Os humanos passaram por várias etapas de evolução, incluindo a conquista do espaço e a descoberta da velocidade da luz. Assim, conseguiram deixar o planeta em um momento crítico, quando a Terra já não tinha condições para comportar a humanidade. Com a colonização espacial, os seres humanos deram os primeiros passos para se tornarem uma potência na galáxia.

No ano de 2170, foi criada a United Nations Space Command (UNSC), agência militar, exploratória e científica do Governo Unificado da Terra. A UNSC comandou os humanos em vários níveis, incluindo os campos tecnológico e bélico. Ela foi importante com o passar do tempo, já que, com a colonização, vários problemas surgiram.

As colônias mais afastadas registraram algumas rebeliões de seus moradores. Além disso, habitar cada planeta representava um desafio. Para enfrentar essas emergências e garantir a segurança dos humanos, iniciou-se o projeto Spartans. Liderado pela doutora Catherine Halsey, o projeto transformava crianças em soldados perfeitos. Chamadas de Spartans-II, as primeiras criações bem-sucedidas foram soldados com obstinação para completar suas missões sem ser influenciados por emoções que os atrapalhassem. Nessa etapa, o projeto gerou John-117, também conhecido como Master Chief, o protagonista da série.

A pesquisa seguiu adiante, com a etapa referente ao Spartan-III: adultos se candidataram para se tornar soldados; porém, esses adultos eram inferiores aos Spartans-II em diversos aspectos.

A doutora Catherine Halsey também foi responsável pela criação de entidades de I.A., que acompanhariam os Spartans para auxiliá-los em missão. É o caso de Cortana, entidade presente no capacete de Master Chief.

O GRANDE INIMIGO

No ano de 2524, a história da humanidade mudou radicalmente mais uma vez, quando uma raça chamada Covenant, com propósito expansionista, invadiu a colônia humana de Harvest. Os Covenants eram uma civilização teocrática que buscava artefatos tecnológicos dos Forerunners para aprimorar seu próprio desenvolvimento. Mas essa busca esbarrava cada vez mais nos interesses da UNSC e a guerra entre essas raças teve início, já que os humanos iniciaram uma busca pelas mesmas tecnologias da civilização antiga. A organização Covenant baseia-se em preceitos religiosos, pois seus membros acreditam em profecias que marcariam o progresso e a busca deles pela tecnologia Forerunner. Chamando-a de a Grande Jornada, estavam convictos de que deveriam dominar o universo.

Em certo momento da guerra, quando os dois lados buscavam novas maneiras para alcançar a vitória, os anéis Halo voltaram a ser importantes, pois a Covenant viu neles a oportunidade de destruir seus adversários. Mas a UNSC foi mais rápida e tomou conta das estações feitas pelos Forerunners e

espalhadas pela galáxia. Para dominar as estações, ambos os lados deveriam enfrentar o sistema de Halos, chamados I.A. Forerunners. Essas entidades perderam parte de sua programação original com o passar dos anos e "enlouqueceram". Para a franquia, a entidade mais importante é o 343 Guilty Spark. Outro perigo era a expansão dos Flood, que ainda estavam ativos e mantinham a sua ameaça.

DESDOBRAMENTOS ESPACIAIS

Com as tentativas de invasão ao planeta Terra, além do ataque à base Rech (planeta transformado em base para futuras explorações humanas), a UNSC criou uma nova geração, de soldados, chamados Orbital Drop Shock Troop (ODST), para ser uma tropa de choque no exército de Spartans.

A situação da Covenant é revelada ao longo dos combates, já que há falta de coesão de sua civilização e organização militar. Durante a invasão da Terra, as facções alienígenas entraram em disputa, principalmente duas delas: Brutes e Elites. As disputas atrapalharam os planos da Covenant e, principalmente, enfraqueceram o lado Elite.

Os Brutes deram prosseguimento à expansão espacial e os jogos de Halo abordam momentos importantes dessa trajetória, principalmente as ações de Master Chief.

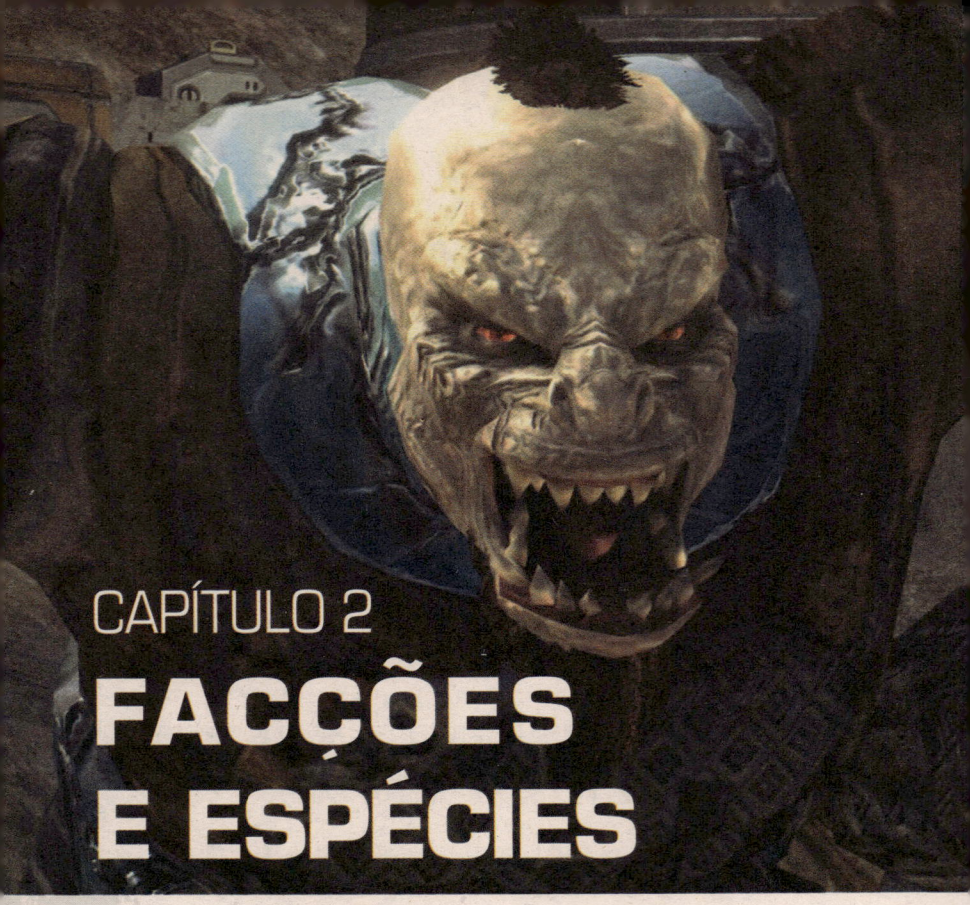

CAPÍTULO 2
FACÇÕES E ESPÉCIES

UNITED NATIONS SPACE COMMAND

A United Nations Space Command (Comando Espacial das Nações Unidas), ou mais conhecida como UNSC, é uma agência militar, exploratória e científica do Governo Unificado da Terra. Foi criada no século XXII, quando a humanidade estava em uma crise social profunda. Após a colonização humana, a UNSC serviu como uma organização regulatória de planetas colonizados. O poder da agência aumentou quando ela

enfrentou uma crise com o grupo rebelde Insurgentes, que queria a independência do governo dos humanos. A partir daí, a UNSC tomou conta de várias áreas da civilização humana, principalmente a militar.

Foi essa agência que encomendou o projeto Spartan para deter as rebeliões. Os soldados resultantes do projeto mostraram seu real valor em campo e formaram a ponta da lança na guerra contra Covenant, um inimigo tecnologicamente superior.

Em 2552, todas as forças da UNSC estavam voltadas para a defesa da Terra após a queda de Reach, um planeta importante que sofreu com a invasão Covenant. Sob duras penas, os combates prosseguiram e só quando dissidentes Covenant aliaram-se à UNSC houve uma reviravolta da guerra, com o ataque ao âmago do império Covenant. A partir daí, a agência humana assimilou tecnologias alienígenas para a criação de novas armas e equipamentos. Em seguida, teve de entrar em combate contra os Flood e outros inimigos.

Humanos

O ser humano, ou *Homo sapiens*, é uma espécie nativa da Terra, da família dos primatas. Ele desenvolveu-se durante 200 mil anos a partir do *Australopithecus afarensis*. No início de sua trajetória evolutiva, alcançou certo nível tecnológico e aliou-se a outra civilização, chamada San 'Shyuum, que desejava sair do domínio Forerunner. Como os Forerunners foram os vitoriosos, removeram o conhecimento tecnológico dos terráqueos por meio de sua aliança. Os habitantes da Terra, por sua vez, tiveram de recomeçar seu desenvolvimento tecnológico. A segunda trajetória evolutiva é a que conhecemos. O progresso dos humanos culminou com a conquista do espaço no século XX, além do desenvolvimento de computadores e da inteligência virtual. Um século depois, o planeta já não comportava mais a população humana, além das inúmeras guerras que assolavam a população. Foi criado, então, o Unified Earth Government (UEG), ou Governo Unificado da Terra, para organizar a sociedade e a expansão espacial.

A exploração passou a se dar em vários locais, sendo Reach a principal colônia e um local com abundância de titânio. As sociedades se desenvolveram em cada novo planeta, assim como o comércio e a tecnologia.

A conexão entre humanos e Forerunners ia além da guerra que interrompeu a primeira evolução dos terráqueos. Acredita-se que os Forerunners sejam os antepassados dos humanos, segundo algumas dicas que são dadas nos jogos. A verdade é que, mesmo tendo sido inimigos, os Forerunners viam nos humanos uma raça que levaria adiante seu legado como guardiões do espaço.

COVENANT

O império Covenant é uma civilização teocrática que engloba vários planetas e suas respectivas populações. Ele é composto por diversas castas e expandiu-se com a assimilação de novas espécies que agregaram tecnologias ou mão de obra escrava. A união que gerou esse império foi formada pelas raças San 'Shyuum e Sangheili. Mais seis raças foram assimiladas ao longo da expansão do império.

A religião é o ponto-chave na coesão entre as variadas espécies. A Covenant vê os Forerunners como deuses e mantém uma devoção por eles. Os integrantes do império acreditam que o Halo é uma herança que pode levá-los à glória, pois não sabem que ela se trata de uma arma de destruição em massa.

Por acreditarem que aqueles que refutam a devoção aos Forerunners são hereges, declaram a humanidade com uma afronta às suas crenças e um obstáculo à sua expansão. Assim, promovem massacres de terráqueos, o que origina a guerra entre as duas civilizações. Porém, tantas raças acabam tornando o império heterogêneo, o que limita sua unidade e fragmenta sua estrutura.

San 'Shyuum

A casta mais elevada dos Covenant é a San 'Shyuum. Conhecidos como Profetas, eles são os líderes e possuem o comando no que diz respeito aos temas políticos e religiosos. Por possuírem atributos físicos pouco avantajados, não entram em batalha. Fazem parte do alto conselho do império e são responsáveis pelo estudo dos artefatos Forerunners e por adaptá-los para uso da tecnologia no império. Os membros da raça San 'Shyuum afirmam ser descendentes diretos dos Forerunners e que seu lar foi destruído há 3 mil anos.

Um momento importante da existência deles foi a guerra contra os Sangheili. Após a enorme quantidade de baixas, ambos os lados deram-se conta de que a batalha levaria ao fim das civilizações e, por isso, uniram-se para formar a Covenant. Com a nova civilização e o compartilhamento de seus segredos, os Sangheili seriam seus protetores e os San 'Shyuum forneceriam as tecnologias dos Forerunners para benefício geral.

Os San 'Shyuum são fisicamente frágeis e usam a movimentação antigravidade como meio de transporte. A vestimenta deles exibe o grau de importância que têm, sendo os mais vistosos os de alto grau. As da espécie possuem um período fértil curto, por isso é uma raça em pequeno número.

O planeta natal dos San 'Shyuum é Janjur Qom. Pouco se sabe sobre o lugar, mas ele é semelhante à Terra, embora com gravidade menor.

Sangheili

Os Sangheili, denominados Elite, são os líderes militares do império. Seres sofisticados e cheios de atributos (ferozes, orgulhosos, fortes, ágeis e inteligentes), são guerreiros natos e formam a espinha dorsal do exército Covenant. São os responsáveis por executar as ordens dos Profetas e organizam as demais castas nos combates.

Uma das primeiras espécies a se integrar ao império, o planeta natal deles é Sanghelios. O local foi visitado por Forerunners, que se tornaram deuses para os nativos. Mais à frente, o encontro com os San 'Shyuum foi importante para seu destino. Ambos tinham os Forerunners como uma entidade superior e lutaram pela herança na forma de artefatos. Mesmo em maior número, os Sangheili sofreram grandes baixas. A guerra exauriu os dois lados e um acordo foi feito. Dessa aliança instável, surgiu o império Covenant.

Os San 'Shyuum apresentaram aos Sangheili à Grande Jornada, a busca pelos Halos (os Anéis Sagrados) criados pelos Forerunners. Essa busca transformaria seus crentes em seres divinos e traria a salvação contra os Flood. Assim, os Sangheili tornaram-se os guarda-costas dos San 'Shyuum. Com a criação do Covenant, os Sangheili evoluíram drasticamente.

Na guerra contra os humanos, os Sangheili seguiram as ordens dos Profetas e entraram em batalha. Com o tempo, alguns questionaram o combate, mas seus comandantes ainda indicavam os inimigos como seres impuros. Os rebeldes Sangheili viam honra e coragem nos humanos. No fim da guerra, a mudança política feita por Prophet of Truth e Tartarus fizeram o líder Jiralhanae iniciar uma dissidência. Atacando a aliança Sangheili e San 'Shyuum, os Jiralhanae viram ali uma oportunidade para comandar os demais.

Com os acontecimentos mostrados nos jogos, muitos Sangheili deixaram a Covenant e formaram uma força rebelde. Com a morte de Prophet of Truth, acontece a dissolução da Covenant. Sangheili e humanos juntam-se para enfrentar os Flood e a aliança permanece pelo menos até 2553. Em seguida, os Sangheili voltaram ao seu planeta natal. Ainda houve batalhas entre Sangheili e Jiralhanae, com baixas em ambos os lados. No final, os Sangheili conseguiram a vitória.

Os Elites possuem altura de 2,2 a 2,6 metros, mãos com dois dedos e dois polegares. Semelhantes aos lagartos, possuem dois corações. A pele deles pode ser marrom, preta ou cinza-escura e as fêmeas se parecem bastante com os machos.

Possuem grande força e inteligência, além de um senso estratégico apurado. Têm honra e um código de batalha, valorizam um inimigo valente e consideram a morte em batalha o ápice da honra.

    O planeta natal deles era Sanghelios, com uma população que, em seu auge, chegou a 8,135 bilhões. Sanghelios era o quarto planeta de um sistema das estrelas Urs, Fied e Joori. Nele, o governo no período pré-império seguia o estilo feudal parcialmente democrático. Os anciãos eram os líderes de clãs e aconselhavam os outros nos mais variados temas.

Jiralhanae

    Conhecidos pelos humanos como Brutes, a raça Jiralhanae é relativamente nova no império, mas possui grande importância. Guarda-costas pessoais dos Profetas, os membros dessa espécie têm grande resistência física e já contavam com diversas tecnologias antes de se juntarem ao império.

    Os Jiralhanae se destacam por serem grandes criaturas bípedes, que lembram gorilas. Lutam entre si dentro da Covenant para conseguir mais poder, dada sua natureza agressiva, e chegam ao ponto de se alimentar da carne de seus inimigos derrotados. Possuem pele grossa e cinza, dentes afiados que servem como armas, e podem chegar a 9 metros de altura. Preferem lutar com sua tecnologia e gostam de armas corpo a corpo, como a Gravity Hammer.

    Foram incorporados ao império graças à sua cultura bélica e rapidamente convertidos à religião Covenant. São criaturas que respeitam seus antepassados e adoram a Grande Jornada e os Forerunners como algo sagrado.

    O planeta natal deles é Doisac, e possui três satélites: Warial, Solrapt e Teash. A gravidade local é duas vezes maior do que a da Terra e, na união Covenant, o planeta possuía 12,5 bilhões de habitantes.

Mgalekgolo

Os Mgalekgolo, ou Hunters, são criaturas com forma de verme que se juntam para aumentar seus atributos físicos e inteligência. Formam a infantaria pesada do império e uma de suas principais forças ofensivas.

Essas criaturas de cor laranja tiveram seu planeta invadido pela Covenant na busca por recursos. Os invasores sofreram forte resistência dos Hunters, principalmente nos combates em terra, mas a Covenant apelou para sua tecnologia superior e lançou pesados ataques aéreos. Sem outra saída, os Mgalekgolos renderam-se e, graças ao seu valor em batalha, acabaram anexados. Os Hunters receberam tecnologia para exploração espacial e assim começaram sua trajetória na Covenant.

Separados, eles são frágeis, mas quando se juntam para formar um corpo humanoide, são capazes de vestir armadura e usar armas, tornando-se um inimigo formidável. Em maior escala de trabalho em conjunto, formam uma civilização semelhante aos Flood. Os Mgalekgolo comunicam-se apropriadamente somente entre os da mesma espécie, mas são entendidos pelos Sangheili.

Yanme'e

Também conhecidos como Drones, os Yanme'e são criaturas humanoides com forma que se assemelha muito à dos insetos. Além da aparência, também se comportam de maneira semelhante a esses animais, como quando se movimentam em bando. Estão em uma casta mediana de comando e são respeitados pelas demais raças do império. São criaturas de inteligência e destreza apuradas. Atuam no corpo militar e no comércio imperial, além de serem grandes engenheiros. Primam pelo trabalho em equipe na busca por melhores resultados, pois perdem muito em produtividade quando sozinhos.

Formam uma poderosa força aérea, pois são capazes de voar por conta própria ou com a ajuda de equipamentos antigravidade. Não usam armadura, pois seu exoesqueleto atua como uma eficiente defesa. As cores do corpo deles ajudam a distinguir as idades ou espécies dos integrantes da raça. Os mais novos são laranjas e amarelos, os trabalhadores são verdes, soldados destacam-se pelo azul, e os mais importantes são da cor vermelha.

Dentro da infantaria, há também uma distinção sugerida pelas cores das vestimentas de seus integrantes. Verde para os mais comuns e mais fracos. Azul para aqueles que iniciaram seu desenvolvimento militar. Prateado, para aqueles mais raros e mais fortes que os azuis. Dourado para os líderes de menor posto e vermelho para os melhores guerreiros, que possuem os melhores atributos e lideram os demais.

Em sociedade, a estrutura é composta por uma rainha (matriarca, que fornece os ovos e dita as leis), os reprodutores (responsáveis por fecundar a rainha e cuidar dela), trabalhadoras (de vários tamanhos, variando de acordo com sua função) e soldados (que possuem grandes asas).

Os Yanme'e juntaram-se ao império após ter sido conquistados em seu planeta natal, Palamok, planeta que tem o dobro do tamanho e da gravidade da Terra.

Kig-Yar

Os humanos os conhecem como Jackals e os consideram bastante parecidos com aves de rapina. Com membros inferiores fortes, eles se alimentam da carne de seus derrotados e nascem de ovos. Possuem ossos ocos que favorecem sua movimentação, sangue na cor púrpura e contam com aguçados sentidos de visão, olfato e audição.

São os artilheiros no exército imperial, geralmente usados como atiradores de elite devido à sua visão privilegiada. Não possuem grandes atributos físicos e lutam com escudos.

Servem aos Covenant como mercenários ou corsários e possuem dois subgrupos em sua espécie: Jackals (mais leves) e Skirmishers (mais musculosos). A variação pode ter sido resultado da adaptação às condições adversas de seu planeta natal, Eayn. O planeta possui um satélite, Chu'ot, um vasto oceano, intensa atividade vulcânica e algumas áreas glaciais.

Em sociedade, os Kig-Yar dividiram-se em clãs, mas trabalharam juntos até a exploração espacial da espécie. Estabeleceram colônias em diversos planetas e tornaram-se piratas espaciais, até que atacaram um agrupamento militar Covenant.

Foi quando teve início a guerra entre Covenant e Kig-Yar, com milhares de baixas dos Jackals. Após serem anexados aos Covenant, seu prestígio subiu rapidamente, até mesmo adquirindo maior grau de importância do que os Unggoy (ambas as espécies mantêm uma grande animosidade entre si).

No período pós-Covenant, muitos membros da espécie alinharam-se com os humanos e lutaram juntos nas grandes batalhas de 2557 e 2559, respectivamente em Didact e Kholo. Não possuem religião e seguem os Covenant pelos lucros que advêm dessa relação.

Unggoy

A casta militar mais baixa dos Covenant é formada pelos Unggoy ou Grunts. Trata-se de uma raça fraca, de uma sociedade pouco desenvolvida e que não possui o mesmo conhecimento científico que os demais. São maltratados e usados como trabalhadores braçais ou escravos. Na área militar, são os "peões" da infantaria. Estavam em um nível de desenvolvimento bem baixo quando os San 'Shyuum os assimilaram entre os Covenant. No momento da derrota, tinham duas opções: aceitar a assimilação ou ser eliminados.

A assimilação foi facilitada, pois sua sociedade acabava de sofrer um colapso. Quatrocentos anos antes do final da guerra contra os humanos, a anexação garantiu a sobrevivência dos Unggoy graças ao fornecimento de tecnologia, medicina e alimentação.

Esses pequenos bípedes são ferozes quando provocados, mas obedecem às demais raças mais pelo medo do que pela religião. Apesar da quantidade de integrantes, não possuem muita aptidão para as batalhas e dependem da vantagem numérica. São inteligentes, covardes e capazes de respirar metano. A superpopulação de sua espécie é um problema em períodos de paz, portanto fazem o grosso da infantaria.

O planeta natal deles é Balaho, um local pantanoso e com atmosfera repleta de metano. Por isso precisam de recipientes com esse gás quando estão em outros planetas.

Huragok

Chamados também de Engineers, os Huragok foram criados artificialmente pelos Forerunners. Dentro do império, só se comunicam com os San 'Shyuum e são os responsáveis pela busca e pelo estudo de artefatos Forerunners.

Trata-se de uma forma artificial de vida, concebida pelos Forerunners, com tecidos e órgãos substituídos por nanotecnologia. As grandes bolas de gás em suas costas servem como meio de locomoção, além de constituírem um importante sistema de respiração. Possuem cabeças pequenas e quatro tentáculos, que usam para interagir com o meio.

São seres que possuem inteligência muito grande, aprendem em grande velocidade e armazenam grandes quantidades de dados em suas mentes. Quase não surgem em combate e são alvos prioritários da UNSC, que orienta seus soldados a capturá-los vivos. Mesmo sendo alvos, não consideram os humanos inimigos, pois preferem a paz e preocupam-se com as formas de vida em geral.

FORERUNNERS

Os Forerunners constituíram uma civilização que abrangeu 3 milhões de planetas em toda a Via Láctea e que deixou um legado tecnológico usado por diversas espécies, incluindo as estações Halo. Assumiram o papel de guardiões da galáxia, posto herdado dos Precursors, uma civilização ainda mais antiga.

Vindos do planeta Ghibalb, descrito como um paraíso, mas que foi afetado pela radiação proveniente da expansão tecnológica, foram forçados a se expandir para planetas com condições melhores. A civilização Forerunner durou cerca de 100 mil anos.

Um dos momentos mais marcantes da história dessa civilização foi a guerra contra os Flood. O primeiro contato entre esses seres, do qual não se conhecem muitos detalhes, aconteceu durante a exploração do planeta G 617. Os Forerunners não reconheceram o perigo real daquele parasita em um primeiro momento e só se deram conta dos riscos com a ameaça já bastante avançada.

Diversos meios foram tentados para deter os Flood, mas a luta aumentou em proporções planetárias. Sem poder conter o avanço Flood, os Forerunners declararam guerra. Foram 300 anos de conflito, sem que as táticas adotadas fossem eficazes. Como último recurso, criaram a tecnologia Halo para eliminar a vida inteligente em seu raio de ação, pois essa era a fonte da alimentação Flood.

Os Forerunners eram humanoides de pele clara que costumavam usar armaduras e armas com projéteis luminosos de alta potência. Dentro de sua sociedade havia cinco classes: Lifeworkers (trabalhadores), Warrior-Servants (soldados), Builders (construtores), Miners (mineradores) e Juridicals (comandantes/líderes).

Próximo de seu fim, eles viram os humanos,

como seus sucessores, como defensores da galáxia. Já os Covenant viam Forerunners como deuses.

FLOOD

Os grandes parasitas espaciais, e um dos maiores perigos da franquia Halo, alimentam-se de vida inteligente por onde passam. Altamente adaptáveis às condições adversas, são responsáveis pela extinção de diversas civilizações graças à sua dificuldade de eliminação e por serem um inimigo perigoso em batalha.

Após a batalha entre Forerunners e Precursors, os remanescentes do segundo grupo foram expulsos para os limites da galáxia, mais precisamente para Path Kethona. Desejaram vingança por estarem em uma situação deplorável e acabaram encontrando os Flood. Eles usaram o parasita para causar danos à civilização Forerunner, mas o que despertaram foi um grande mal.

Os Flood foram encontrados pela primeira vez por humanos como uma espécie de pó químico em tubos de ensaio. Esse depósito foi obra dos Precursors. Os humanos descobriram que esse pó gerava efeitos psicotrópicos em criaturas e o usaram em animais de estimação conhecidos como Pheru. O resultado eram criaturas mais dóceis e de melhor comportamento.

Porém, os genes do Pheru sofreram reações químicas que geraram uma praga nos animais, que mudou o comportamento deles ao extremo, resultando até na prática do canibalismo. A peste alastrou-se para se tornar o parasita independente da mesma espécie da guerra contra os Forerunners.

Os humanos reprogramaram cobaias para que os Flood as consumissem e houvesse canibalismo por parte do parasita. A crise foi superada, mas algumas amostras foram guardadas como arma.

CAPÍTULO 3
PERSONAGENS PRINCIPAIS

MASTER CHIEF

Personagem principal da série Halo e um dos maiores ícones atuais do universo dos games, Master Chief Petty Officer John-117 é um soldado de elite ciberneticamente aprimorado da Naval Special Warfare Command. Ele é remanescente do Spartan-II, um projeto criado para desenvolver soldados poderosos o suficiente para combater as forças Covenant – aliança militar entre aliens cujo intuito é destruir a raça humana em razão de sua inferioridade.

Master Chief foi tirado de sua família aos seis anos de

idade para tornar-se um soldado e recebeu naquela época o nome John-117. Vivendo boa parte de sua vida em acampamentos militares, teve uma formação preocupada em fazer dele um mecanismo de plena potência militar. Por essa razão, Chief tornou-se um soldado de grande força e inteligência, sendo reconhecido como um homem extremamente profissional que, diferentemente dos heróis convencionais, não age de forma passional e inspira respeito pela eficiência de suas ações. Chamado de *Demon* (demônio, em inglês) pela Covenant, Master Chief é um veterano de guerra com cerca de 30 anos de serviço e um homem de poucas palavras nunca visto sem seu icônico capacete e armadura verde.

CORTANA

Uma das figuras mais importantes da guerra entre os humanos e a Covenant, Cortana é uma criação dotada de Inteligência Artificial da UNSC – ou, em termos mais simples, uma Agente Inteligente. Ela foi criada a partir da clonagem do cérebro da doutora Catherine Elizabeth Halsey e compartilha as memórias, pensamentos, opiniões e valores da humana que lhe deu origem. A forma física de Cortana também deriva de Halsey, embora seja uma clonagem da aparência da doutora quando jovem.

Cortana é a parceira de Master Chief em várias missões ao longo da série, parceiro que escolheu por compatibilidade neural.

ARBITERS

O título de Arbiter é a maior honra concedida pela Covenant durante um período de crise. Trata-se de um posto cerimonial, religioso e político que torna aquele que o assume uma espécie de general de campo em missões como a rebelião Grunt e a guerra entre humanos e a Covenant. A liderança Covenant se encarrega de dar ao Arbiter as tarefas mais perigosas e suicidas nesses conflitos, com o intuito de que ele morra e se torne um grande mártir de sua causa.

Dos Arbiters conhecidos ao longo da série, o mais famoso é Thel 'Vadam. Ele foi um comandante desonrado da Covenant que recebeu a indicação para o posto como um meio de redimir seus erros. O que não se esperava, porém, era que Thel

'Vadam não só sobrevivesse às missões como descobrisse os planos de extermínio da galáxia por parte da Covenant e se aliasse à humanidade ao lado de Master Chief.

Thel 'Vadam é um personagem jogável em Halo 2 e 3; em Halo Wars, cujos eventos se passam 20 anos antes da trilogia principal, o Arbiter é outro indivíduo.

SPARTANS

Os Spartans são supersoldados de elite e a principal arma na guerra entre a humanidade e a Covenant. Frutos do Spartan-II – projeto secreto idealizado por Halsey cujo intuito inicial era criar um corpo de soldados capaz de conter as rebeliões nas colônias da UNSC –, os Spartans tiveram a sua existência

exposta ao público em um esforço para levantar o moral dos humanos na guerra. A necessidade de manter a confiança do povo foi tamanha que os Spartans nunca foram listados como mortos, mas apenas como desaparecidos em ação ou feridos.

A formação dos soldados do projeto Spartan-II é cruel: raptados quando crianças e substituídos por clones de curto tempo de vida, eles passam por um processo de aprimoramento físico demorado, caro e cansativo do qual nem todos conseguem sobreviver.

No projeto Spartan-III, encabeçado pelo coronel James Ackerson, foram recrutados órfãos de guerra mais "baratos e descartáveis" (alguns deles aparecem em Halo: Reach), enquanto no Spartan-IV foram aceitos adultos voluntários provenientes de todos os ramos da UNSC.

NOBLE TEAM

O Noble Team é o grupo de elite de Spartans que lutaram durante a Fall of Reach. Confira a seguir a descrição dos seis integrantes do grupo.

Noble One (Spartan-259)

O Noble One, também chamado de Comandante Carter-A259, é um soldado do Spartan-III e o líder do Noble Team. Um homem carismático e um líder nato, Carter também é conhecido por saber agir sob pressão e pela capacidade de interagir de maneira eficaz com os não-Spartans.

Noble Two (Spartan-320)

A tenente-comandante Catherine-B320, também chamada

de Kat, é conhecida por ser uma estrategista inspirada e uma combatente exemplar. A Noble Two é uma habilidosa hacker. A sua fama é tamanha que há quem diga que não existe um sistema que ela seja incapaz de hackear. A sua grande perícia em digerir informações permite que ela elucide situações que muitos considerariam impossíveis de esclarecer com dados limitados.

Noble Three (Spartan-266)

Conhecido como Jun, o Noble Three é um soldado pensativo conhecido por ser uma "rocha sólida sob pressão". Jun apresenta sinais de ter sofrido um estresse pós-traumático no passado e, apesar de sua avaliação psiquiátrica apontar que ele possui um distanciamento emocional insalubre em relação aos efeitos de suas ações, o coronel Urban Holland refuta essa afirmação ao se referir ao Noble Three como um homem racional.

Noble Four (Spartan-239)

O Noble Four, conhecido como Emile, é descrito como um soldado detalhista e disciplinado. A sua ousadia e agressividade não são apenas notáveis nas batalhas, mas também na interação com outros soldados e até mesmo com civis. A despeito de seus modos pouco gentis, ele se destaca por seu profundo respeito pelos companheiros de equipe e pela maneira humorada como lida com as perdas.

Noble Five (Spartan-052)

O Noble Five, também chamado de Jorge, é um soldado que se destaca por seu trato gentil com civis – algo raro entre os Spartans – e por raramente mostrar sinais de cansaço. Igualmente conhecido por inspirar confiança naqueles à sua volta, Jorge possui uma carreira militar de quase 30 anos. Pertencente ao Spartan-II, é considerado superior aos soldados convencionais em todos os aspectos.

Noble Six (Spartan-312)

O Noble Six é o protagonista de Halo: Reach. Ele é um assassino habilidoso que, a despeito do passado obscuro, é retratado como um homem de valores e que frequentemente auxilia e faz amizades com soldados e civis. Noble Six segue a linha "lobo solitário"; em outras palavras, a sua tendência durante as missões é fazer tudo sozinho – algo que sempre é motivo de desespero entre os seus superiores.

AVERY JOHNSON

O sargento Avery Johnson é um oficial que serviu com os Marine Corps da UNSC durante a Insurrection e na guerra entre os humanos e a Covenant. Fuzileiro naval altamente treinado, ele foi fundamental na formação de uma aliança entre os seres humanos e os Sangheili após a Great Schism e a irrupção dos Flood em novembro de 2552.

Conhecido por sua atitude entusiasmada em relação à vida e pelo respeito que inspira entre os seus subordinados e superiores, Avery Johnson é um dos poucos indivíduos fora do projeto Spartan-II que integra o círculo de amizades de Master Chief, ao lado de quem lutou várias vezes durante os meses finais da guerra entre a Covenant e a humanidade.

JACOB KEYES

O capitão Jacob Keyes é um oficial naval lendário, considerado um dos mais brilhantes estrategistas da Marinha da UNSC. Marine Corps. Suas várias condecorações, a experiência de 35 anos no combate contra a Covenant e a confiança que inspirou ao longo da carreira entre aqueles sob seu comando o tornaram uma escolha natural para o comando do cruzador UNSC Pillar of Autumn.

MIRANDA KEYES

Comandante da UNSC Marine Corps, Miranda Keyes esteve à frente da força de expedição para a Installation 00 em 2552.

Ela é filha do capitão Jacob Keyes e da doutora Catherine Elizabeth Halsey. Como o pai, é conhecida por estar entre os oficiais mais corajosos da UNSC, embora também se destaque pela extrema obstinação – exemplificada na decisão teimosa de seguir a nave de Regret no Slipspace. Para o comandante Richard Lash, as atitudes de Miranda Keyes denotam o seu desejo de alcançar a reputação do pai.

CATHERINE HALSEY

Catherine Elizabeth Halsey é uma consagrada cientista ex-funcionária da Office of Naval Intelligence (ONI). Conhecida por ser a criadora do projeto Spartan-II e do sistema MJOLNIR Powered Assault Armor – o que a tornou uma civil de grande respeito dentre várias figuras militares –, Halsey sentiu-se culpada, com o passar dos anos, pela vida árdua à qual condenou os seus Spartans. Com o desejo de proteger os supersoldados que restaram do projeto, ela passou a tomar medidas extremas que desafiaram a lei militar, o que culminou em sua prisão pela ONI em 2553.

JAMES ACKERSON

Coronel do exército UNSC e da ONI durante a guerra entre a humanidade e a Covenant, James Ackerson ostenta um histórico de carreira impressionante. Ele sobreviveu a pelo menos três batalhas contra a Covenant e foi o responsável pelo projeto Spartan-III, embora este último configure notavelmente uma tentativa de superar a rival Catherine Halsey.

A despeito de sua visão míope, que insiste em aliar a glória pessoal aos seus objetivos, o coronel Ackerson não é de todo egoísta, tendo manipulado a Covenant para salvar o seu irmão da morte.

FRANKLIN MENDEZ

Senior Chief Petty Officer Franklin Mendez é o treinador de soldados dos projetos Spartan-II e Spartan-III. Ele fornece aos seus Spartans formação tática e mental, bem como excelentes armas.

Com carreira extensa e dono de inúmeras medalhas conquistadas na luta contra a Covenant, Franklin Mendez é um homem de poucas palavras e de mente brilhante para a guerra – algo que se reflete nas habilidades de Master Chief. O respeito desse por Mendez e o bom relacionamento entre ambos é comparável com a relação entre pai e filho.

TERRENCE HOOD

O almirante Terrence Hood é membro do Comitê de Segurança da UNSC e Chefe de Operações Navais. Nutre grande respeito pelos Spartans, embora esse respeito esteja mais relacionado ao fato de ter sido salvo duas vezes em ocasiões distintas pelos soldados do que à bravura deles. Em Halo 3, Hood assume o comando da defesa à Terra e aceita a necessidade de humanos se aliarem a Elites, embora não concorde em absoluto com a ideia.

WALLACE JENKINS

Wallace Jenkins é um soldado de infantaria da UNSC Marine Corps. Ele foi um dos primeiros humanos a se envolver com as forças da Covenant durante a Primeira Batalha da Colheita. Em setembro de 2552, Jenkins esteve a bordo da UNSC Pillar of Autumn durante a Battle of Installation 04, ficando parcialmente infectado pelos Flood.

HIGH PROPHETS

Os High Prophets, também conhecidos como Hierarchs, são os mais altos dirigentes teocráticos do Conselho Superior da Covenant. Confira a seguir a descrição dos três últimos e mais importantes Hierarchs.

Prophet of Truth

O Prophet of Truth, ex-ministro de Fortaleza da Covenant, é o líder dos três últimos Hierarchs. O Truth ofereceu ao ex-comandante Supremo da Frota de Justiça a chance de se tornar Arbiter e ordenou que ele derrotasse os Heretics (rebeldes que alegam que os ensinamentos da Covenant são falsos). Ele também liderou a remoção dos Sangheili Councilors, ocasionando a Great Schism.

Prophet of Mercy

O Prophet of Mercy, cujo nome verdadeiro é Hod Rumnt, originalmente atuou como filólogo em High Charity. Mais velho que os demais Hierarchs, serviu como elo entre o Oracle e o Conselho Covenant e foi introduzido na conspiração de Truth e Regret quando eles aprenderam sobre a verdade da humanidade.

Mercy também esteve no julgamento do Supremo Comandante da Frota de Justiça, Thel 'Vadamee, onde concordou com Truth em relação à erradicação dos Heretics.

Prophet of Regret

O Prophet of Regret, ex-vice Ministro da Tranquilidade, é o mais jovem entre os High Prophets. Imprudente e obstinado, ordenou um ataque falho à Terra após descobrir a localização do Portal to the Ark. Embora ciente de que a estrutura Forerunner estava na Terra, o inconsequente Regret não sabia da existência dos seres humanos no planeta.

RTAS 'VADUM

Comandante de Special Ops antes da Great Schism e Ship Master após a guerra civil, Rtas 'Vadum é conhecido por ser um grande e engenhoso estrategista, bem como um excelente líder. Com o tempo, adquiriu respeito entre determinados humanos especialmente de Master Chief, por suas qualidades.

TARTARUS

Tartarus é o último Chieftain conhecido do Jiralhanae a servir à Covenant. Ele é o principal rival do Arbiter em Halo 2 e atua como o imediato de Truth. Também é conhecido por ser o antagonista terciário e mestre final de Halo 2.

CAPÍTULO 4
MÁQUINAS DE GUERRA

Warthog 1
Nome completo: M12 Force Application Vehicle
Usado por: UNSC

O veículo mais icônico da UNSC é uma máquina versátil, de fácil manobra e ideal para movimentos ofensivos do exército humano. É usado para transportar tropas, munição e armas no campo de batalha, além de ser uma ótima ferramenta para reconhecimento de terreno, transporte médico e comunicação entre as tropas.

O veículo pesa 3 toneladas e alcança velocidade de até 125 km/h, mesmo em terrenos acidentados. O Warthog 1 comporta o condutor, um passageiro ao lado e um artilheiro atrás. Suas configurações e modelos variam de acordo com a arma que carregam. Dentre as versões há o Light Reconnaissance Vehicle (LRV) com uma arma M41 12,7 mm LAAG; o Light Anti-Armor Vehicle, Gauss (LAAV-G) e sua M68 25 mm ALIM; e também o Light Anti-Armor Vehicle-Rocket (LAAV-R), com uma arma M79 65 mm MLRS.

Mongoose
Nome completo: M274 Ultra-Light All-Terrain Vehicle
Usado por: UNSC

O Mongoose é um meio de transporte pequeno para tropas e armamento, usado principalmente em pequenas distâncias. É capaz de passar por terrenos acidentados com facilidade graças ao seu motor de combustão de hidrogênio de 1.000 cilindradas. É capaz de alcançar a velocidade de 96 km/h.

Possui 3 metros de comprimento, 400 quilos e é de fácil manobra. Comporta um ocupante e um compartimento de carga. Não possui armas.

Falcon
Nome completo: UH-144/Primary Air-To-Ground Support/Transport VTOL
Usado por: UNSC

Usado em ataques aéreos, o Falcon é um eficaz e dinâmico jato de combate. Seu piloto fica protegido em uma cabine fechada, enquanto dois artilheiros em suas laterais podem usar as armas em combate (os artilheiros possuem metralhadoras M247H 12,7 mm ou lança-granadas M460). Um grupo pode ser transportado em sua retaguarda. Em batalha, o Falcon costuma ser usado em formação com outra nave semelhante, pois juntos são capazes de transportar uma tropa considerável.

Sua decolagem é vertical e o armamento disponível para o piloto é um canhão M638 20 mm.

Sabre
Nome completo: YSS-1000
Usado por: UNSC

Um verdadeiro tanque voador, o robusto Sabre é uma das maravilhas da UNSC. Usado em missões especiais, o YSS-1000 é um projeto secreto do exército humano. Rápido e silencioso, é uma poderosa arma de defesa.

O Sabre é usado na órbita dos planetas, pois seu motor foi preparado para funcionar no vácuo. Possui cabine com espaço para dois operadores e participa de combates aéreos com seu arsenal pesado: metralhadoras M1024 ASW/AC 30 mm e mísseis ST/Medusa.

Wolverine
Nome completo: M9 Wolverine MAAT
Usado por: UNSC

Wolverine é um tanque de guerra "à moda antiga", mas ainda muito competente no campo de batalha.

Seu modelo segue o estilo dos veículos do século XX, atualizado para os tempos modernos. De manuseio fácil, apesar do seu tamanho e peso, possui um sistema de lançamento de mísseis letais: dois conjuntos capazes de lançar 50 projéteis cada. De grande alcance, esse tanque é ideal para bombardear construções e destruir a infantaria inimiga.

Vulture
Nome completo: AC-220 Vulture Gunship
Usado por: UNSC

O Vulture é um caça de combate, o veículo aéreo preferido da UNSC. Criado em 2498 nas guerras contra as colônias rebeldes, é geralmente usado apenas em missões importantes, por ser dispendioso de se produzir. Usado para combates no ar e na terra, ele não é considerado muito rápido, mas possui um sistema de manobra bastante eficiente.

É usado na linha de frente dos ataques às tropas e construções inimigas por possuir uma blindagem de titânio para protegê-lo. No ataque, conta com poderosos canhões GUA-23/AW/Linkless Feed. É capaz de transportar até seis soldados.

NMPD Pelican
Nome completo: D77 Civilian Pelican
Usado por: UNSC

Veículo especial, o NMPD Pelican é usado por militares para transporte de civis em casos de emergência. Ele é usado para retirar inocentes de rebeliões e de emergências naturais. Por não conter armas, é fortemente blindado para proteger seus ocupantes.

Phantom
Nome completo: Type-52 Troop Carrier
Usado por: Covenant

Popular veículo Covenant, o Phantom tem como principal função o transporte de infantaria (é capaz de transportar 30 passageiros). A cabine do piloto é totalmente fechada e o veículo possui duas turbinas para facilitar seu manuseio, mesmo em locais fechados. Possui um canhão de plasma pesado à frente e dois nas laterais. É capaz de rebocar grandes pesos, como outros veículos, o que mostra sua versatilidade.

Banshee Fighter
Nome completo: Type-27 Exoatmospheric Multi-role Fighter
Usado por: Covenant

Usado no espaço sideral, o Banshee Fighter conta com um sistema de elevação em suas asas para se movimentar com dinamismo em qualquer ambiente. Possui dois canhões de plasma, potencializados quando há uma esquadra de Banshee Fighter em formação e com mesmo objetivo. O Banshee pode transportar um grande exército rapidamente para pontos estratégicos.

Ghost
Nome completo: Type-32 Rapid Attack Vehicle
Usado por: Covenant

Ghost, o mais popular no império, é um veículo usado por batedores para averiguar o campo de batalha. Rápido e ágil, alcança altas velocidades em campo aberto graças a seu sistema de impulso antigravidade para se movimentar. Sua cabine é aberta e possui em sua parte frontal uma área blindada para defender o piloto, mas a parte de trás fica exposta. Possui dois canhões de plasma.

Scarab
Nome completo: T-47 Ultra Heavy Assault Platform
Usado por: Covenant

O veículo que mais aterroriza os inimigos do Covenant, o Scarab foi concebido originalmente como uma plataforma móvel de escavação para procura de artefatos Forerunners. A versão militar desse veículo com forma de aracnídeo é usada para transporte de um grande número de tropas, além de contar com um grande poder de fogo. Seu canhão de energia é extremamente pesado e poderoso. Ele não funciona somente com atributos técnicos e tecnologia mecânica, já que conta com o auxílio de Lekgolos para funcionar. As criaturas com forma de verme juntam-se aos mecanismos para mover o veículo e fornecer a força necessária para que ele se torne uma arma tão importante. Seu ponto fraco está na parte traseira.

Revenant
Nome completo: T-48 Light Assault Gun Carriage
Usado por: Covenant

Veículo para reconhecimento de campo, o Revenant é um veículo rápido e dinâmico. Levemente blindado, não é usado em campo de batalha.

Spirit
Nome completo: T-28 TC/Primary Troop Carrier
Usado por: Covenant

Spirit, uma máquina robusta, é usada em invasões e ataques de larga escala. Fortemente blindado, transporta até 30 soldados e possui uma cabine que protege seus tripulantes e áreas de escape que facilitam a saída dos que nele são transportados. Possui um forte canhão em sua dianteira.

ARSENAL

Assault Rifle
Nome completo: MA1-MA5 Individual Combat Weapon Systems

Usada pelas Forças Armadas UNSC, a Assault Rifle é uma das principais armas utilizadas por seus fuzileiros espaciais. Prática e competente, essa arma foi produzida para resistir a condições climáticas adversas em planetas variados. A MA1-MA5 também é popular pelo seu fácil manuseio e transporte. É capaz de comportar munições variadas e em quantidades que variam de acordo com a missão. É usada desde o início da guerra entre os humanos e a Covenant.

Magnum
Nome completo: M6 Personal Defense Weapon System

Arma do arsenal UNSC produzida pela Misriah Armory, a Magnum é uma peça de destaque no que diz respeito a armas de apoio. Ideal para o combate a pequena distância, possui poucos tiros em cada cartucho, mas conta com grande poder de fogo.

Frag Grenade
Nome completo: M9 High Explosive-Dual Purpose Antipersonnel Grenade

A granada de fragmentação da UNSC possui forma esférica e trava magnética. Ao longo do tempo, teve seu tamanho aumentado para carregar mais munição e causar maiores danos ao explodir. Sua área de ação chega a 15 metros, com a ação de uma onda de choque de respeito.

DMR
Nome completo: M392 Designated Marksman Rifle

O rifle de combate a média distância DMR, arma das Forças Armadas UNSC, é usado desde as famosas batalhas em planetas como New Jerusalem, Tribute, Reach e Terra. Sua versatilidade permite que seja usado por infantaria leve, mas também por grupos especializados, graças ao seu *zoom* 3x e acoplagem de um lançador de granadas.

Grenade Launcher
Nome completo: M319 Individual Grenade Launcher

O poderoso lançador de granadas explosivas da UNSC é uma arma da linha de frente dos combates. Seu tiro único é capaz de lançar um projétil com grande poder destrutivo a longa distância e ser eficaz contra blindados inimigos. Há dois métodos de uso: o primeiro é o tiro padrão, em que a explosão acontece com o impacto do projétil após o tiro; o segundo método é o alternativo: após o tiro, o jogador pode decidir quando haverá a explosão com o uso de um dispositivo remoto, ideal para um uso tático do M319.

Machine Gun Turret
Nome completo: M247H Heavy Machine Gun

A famosa "cuspidora de balas" das Forças Armadas UNSC é uma arma de respeito. Usada principalmente para defesa de habitantes locais, pode ser apoiada sobre um tripé que suporta seu coice. Para defender o atirador, a arma possui uma placa de metal que o protege contra tiros inimigos. Possui raio de ação em 180 graus.

A arma também pode ser transportada por um soldado, sendo ideal para cobertura de tropas e ataque a grandes agrupamentos de inimigos.

Focus Rifle
Nome completo: Type-52 Special Applications Rifle

Arma da Covenant, o Focus Rifle foi desenvolvido nas indústrias de High Charity. Usado por tropas Sangheili, a arma usa projéteis de plasma como munição e seu dano pode ser considerável quando o alvo é formado por tropas leves. Se por um lado ela possui *zoom* 3x, sua recarga é considerada demorada.

Concussion Rifle
Nome completo: Type-50 Directed Energy Rifle/Heavy

Pertencente ao arsenal da Covenant, o Concussion Rifle foi projetado pelos comerciantes de Qikost para ser uma arma com tiros de energia de plasma, mas que não são armazenados em cartuchos. Usada principalmente por infantarias, essa arma possui um reservatório de energia que se regenera para os futuros tiros. Quando a carga chega a zero, basta esperar alguns momentos para ter munição novamente.

Plasma Grenade
Nome completo: Type-1 Antipersonnel Grenade

Esse artefato da Covenant é a resposta à Frag Grenade da UNSC. Ela é capaz de usar energia em forma de plasma para produzir uma explosão na cor azul capaz de causar estragos em tudo o que estiver em seu raio de ação. Bastante eficaz contra blindados, essa é uma arma letal quando usada em grande quantidade. Se um artefato explodir próximo a outros de mesma espécie, cria uma reação em cadeia com proporções explosivas consideráveis.

Plasma Launcher
Nome completo: Type-52 Guided Munitions Launcher/Explosive

Membros da Covenant usam o Plasma Launcher no ombro devido ao tamanho avantajado dessa arma. Esse lançador de explosivos é capaz de usar quatro projéteis de plasma no tiro padrão para destruir seus alvos. Há o modo alternativo que usa um projétil, para economia de munição. Extremamente mortal no contato de seus projéteis, é ideal contra blindados inimigos.

Plasma Cannon
Nome completo: Type-52 Directed Energy Support Weapon

Semelhante ao Machine Gun Turret da UNSC, essa arma da Covenant é um canhão de plasma engatado em um suporte. Seu alto poder de fogo ajuda na cobertura de tropas e no ataque a agrupamentos inimigos.

Fuel Rod Gun
Nome completo: Type-33 Light Anti-Armor Weapon

Leve e versátil, a Fuel Rod Gun da Covenant é usada com frequência pelos Unggoy. Usada como arma de apoio, atira projéteis de plasma.

Energy Sword
Nome completo: Type-1 Energy Weapon/Sword

A Energy Sword é uma arma que foge do padrão dos combates modernos. Pertencente ao arsenal da Covenant, trata-

-se de uma lâmina de energia de dois gumes voltada para o combate corpo a corpo.

Spike Rifle
Nome completo: Type-25 Carbine

Também chamada Spiker, essa arma Jiralhanae possui uma cadência mais baixa de tiros do que a de outras armas do gênero, mas seus tiros são poderosos. Ela é usada por várias raças, incluindo a humana, e destaca-se por sua baioneta na forma de serra.

Gravity Hammer
Nome completo: Type-2 Energy Weapon/Hammer

Usada para o combate corpo a corpo, a Gravity Hammer é uma arma que se destaca no campo de batalha por conta de sua forma. Ela nada mais é que uma grande marreta com dois metros de comprimento. Usada originalmente por altos membros da cultura Jiralhanae, a Gravity Hammer possui um porrete de metal puro em uma ponta e uma lâmina de energia na outra.

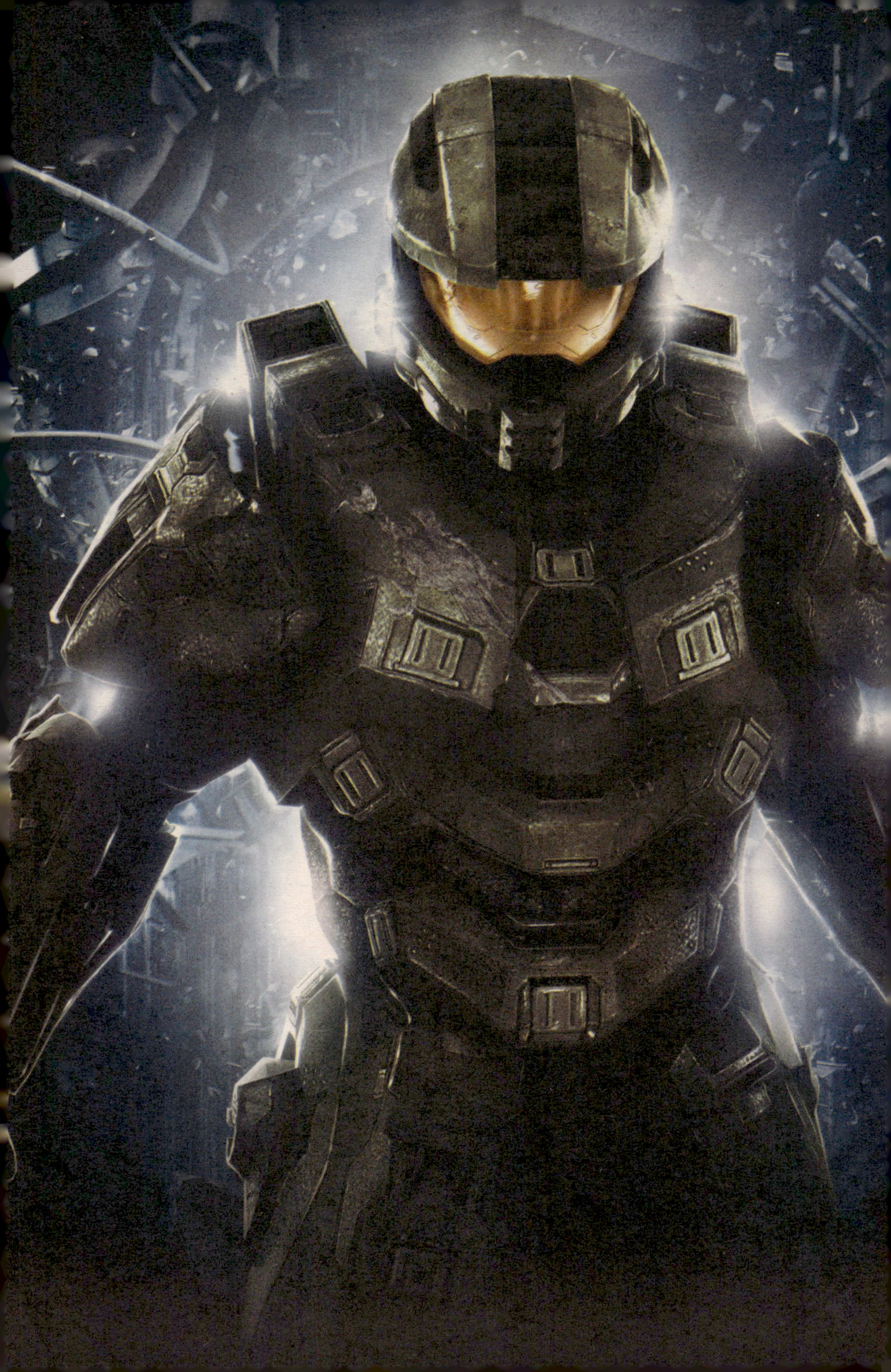

CAPÍTULO 6
JOGOS

HALO: COMBAT EVOLVED

Produção: Bungie
Distribuição: Microsoft Game Studios
Lançamento: 15.11.2001
Plataformas: Xbox, PC, Mac e Xbox 360

No século XXVI, a humanidade sofre com a superpopulação da Terra. Sem espaço no planeta e com avanços tecnológicos à disposição, os humanos têm a oportunidade de deixar seu velho lar e buscar novas fronteiras. A tecnologia que encabeçou essa jornada pelo espaço sideral foi o alcance da velocidade da luz, que possibilitou a colonização de outros planetas. A exploração começou bem e os humanos criaram uma base em um planeta chamado Reach, que abrigou um grande centro de operações, tanto militar como científico. Nele, a humanidade desenvolve-se científica e tecnologicamente, incluindo a criação do Spartan Project, projeto que criaria supersoldados para formar um exército de defesa. Os soldados seriam favorecidos com o que havia de melhor no desenvolvimento bélico e os primeiros resultados bem-sucedidos surgiriam após 27 anos.

Com a exploração, os humanos acabaram despertando outros moradores da galáxia e sofreram o ataque de uma raça alienígena chamada Covenant. Declarando que os humanos eram uma afronta aos seus deuses, esses alienígenas destruíram várias colônias dos terráqueos. Como resposta, entra em ação a United Nations Space Command, ou UNSC, o braço armado da colonização humana. Com veículos e armas de última geração, além do Spartan Project, os humanos desafiaram o poderio da Covenant.

No ano de 2552, a cúpula humana pretende atacar o planeta origem da Covenant. Para uma missão tão grande, eles criaram um plano ousado: usar uma nave inimiga e uma força-tarefa formada por vários Spartan-II, soldados de elite criados no Spartan Project. Os Spartan-II são convocados para receber melhorias, mas, dois dias após o início da operação, forças Covenant atacam pesadamente Reach. Os aliens destroem a principal colônia e desbaratam a operação. Uma aeronave chamada Pillar of Autumn tira os sobreviventes de Reach, incluindo Master Chief, e foge do local às cegas.

Halo: Combat Evolved começa na nave, após ela deixar Reach à velocidade da luz. A fuga é feita sem direção definida e o destino é aleatório. A nave e sua tripulação vão para uma região da galáxia onde há uma enorme estação espacial com diâmetro de 10 mil quilômetros, localizada na região denominada Lagrange. A grande estação tem a forma de um grande anel e se chamava Alpha Halo.

A nave de Chief está avariada e o capitão, chamado Keyes, inicia o Cole Protocol, que visa impedir que a Covenant descubra a localização da Terra.

Eis que a Covenant surge e captura Keyes. Master Chief e Cortana conseguem escapar da nave. Chief passa as fases seguintes do jogo salvando sobreviventes até libertar Keyes. O capitão diz que o protagonista deve atacar o comando

Covenant no local para saber suas intenções. Chief vai ao local chamado Silent Cartographer, uma espécie de sala de comando da Covenant, para que Cortana acesse o sistema inimigo. A inteligência artificial descobre que a Covenant, acidentalmente, libertou uma praga parasita alienígena chamada Flood. Para deter a ameaça, é preciso usar a estação e ativar um mecanismo de defesa que pode parar os Flood. Na tentativa de se chegar à sala de controle de Alpha Halo e tomar o local, o sistema de segurança da base, chamado 343 Guilty Spark, usa suas forças para enfrentar invasores.

Para evitar a catástrofe dos Flood, Master Chief deve usar um dispositivo chamado Index, que ativa o Halo e elimina a ameaça antes que ela saia do local. Chief abre caminho entre os inimigos e recupera o Index, mas acaba descobrindo que o acionamento do Halo é o verdadeiro perigo. A área de alcance do anel é de 25 mil anos-luz, mas sua ativação acionaria outras instalações com poder destrutivo semelhante.

Assim, Chief e Cortana resolvem destruir o Halo, além de deter os Flood. Para isso, decidem usar o sistema de autodestruição da nave Pillar of Autumn. Para tal ação, precisam de Keyes, que está em um local infestado pelos Flood. Chief invade esse local e tem acesso aos implantes cerebrais de Keyes, suficientes para explodir Pillar of Autumn. O protagonista consegue acionar manualmente a destruição da nave, mesmo sob forte ataque. Os sobreviventes deixam a estação e o jogo termina.

HALO 2

Produção: Bungie
Distribuição: Microsoft Game Studios
Lançamento: 09.11.2004
Plataformas: Xbox e PC

Halo 2 começa com o julgamento de Thel 'Vadamee, comandante da frota Covenant. O evento acontece a bordo da nave High Charity, a capital móvel do império. Ele é acusado de heresia por não ter impedido a destruição da estação espacial Alpha Halo e não ter derrotado os humanos na oportunidade que teve no primeiro jogo da série. O julgamento é comandado pelo High Prophets of Truth, grupo formado pela facção Hierarchs. O resultado é o rebaixamento de posto de Thel 'Vadamee, além da autorização de tortura do sentenciado por Tartatus, um dos líderes dos Brutes.

Enquanto isso, na Terra, Master Chief é condecorado por suas ações em *Combat Evolved*, assim como Miranda Keyes, que recebeu a medalha destinada ao seu pai, Jacob Keyes. O dia é 20 de outubro de 2552 e todos são surpreendidos quando a frota Covenant, com 15 naves, ataca o perímetro de defesa da Terra. A UNSC rechaça o ataque, mas uma nave Convenant rompe a defesa. O comandante é Regret, um dos Profetas, e sua nave avança contra a cidade de New Mombasa. Cortana alerta que Regret estava em comunicação com seu seus superiores e descobre que a Covenant não sabia que a Terra era o planeta natal dos humanos e que o ataque seria apenas a mais um planeta com cristais (que indicam a presença de artefatos Forerunners). Master Chief vai até o local para pedir ajuda no esforço de defesa. Regret recua e deixa o planeta com velocidade de fuga e Chief segue atrás com seu grupo e a nave In Amber Clad para perseguir o inimigo, sem saber, no entanto, qual seria seu destino. Eles acabam descobrindo outra estação Halo, de nome Delta Halo. Master Chief mantém a caçada a Regret, enquanto seu grupo busca o Index, artefato capaz de deter o Halo.

Durante esse período, Thel 'Vadam recebe uma oferta de redenção. A nova chance recolocaria o guerreiro na linha de frente, com o cargo de Arbiter, e surgiu dada a periculosidade da missão. Sua tarefa é eliminar os verdadeiros hereges: os humanos. De volta a High Charity, ele comanda outra parte da frota Covenant até a recém-descoberta estação Delta Halo, onde deve achar o Index e capturá-lo antes de Chief.

De volta a Delta Halo, Master Chief elimina Regret, mas acaba caindo em um planeta próximo ao Halo, onde é resgatado por uma criatura com tentáculos.

A destruição da Regret gera uma guerra entre as classes que governam a Covenant, principalmente Prophets, Brutes e Hierarchs. Arbiter é enviado para também ter o Index e acaba no mesmo planeta de Master Chief. A criatura de tentáculos é Gravemind, que comanda os Flood em Delta Halo. Gravemind revela ao Arbiter que a Grande Jornada destruiria Flood, Covenant e humanos. Tomando noção do perigo, e percebendo que fora usado, Arbiter junta-se a Master Chief e os dois deixam o local para impedir a ativação do Halo. Chief é enviado ao High Charity para combater os inimigos, onde a guerra civil está aberta na Covenant.

Gravemind aproveita a situação para iniciar o processo de liberação dos Flood e o parasita ataca, incluindo o consumo do Prophet of Mercy.

A guerra no império continua com o avanço dos Brutes para conseguir o poder e o Arbiter reagrupa-se aos aliados para enfrentá-los. Ele confronta Tartatus na sala de controle do Halo e tenta mostrar ao adversário que os Profetas traíram ambos. Com raiva, Tartatus ativa o Halo e é derrotado pelo Arbiter, que tenta usar o Index, mas isso não surte o efeito desejado e ele acaba acionando o complexo e todas as outras estações Halo, que ficam de prontidão para ativação em um local remoto pelo sistema chamado Ark. O jogo termina com Master Chief dizendo "que acabaria com a batalha" usando o Ark.

HALO 3

Produção: Bungie
Distribuição: Microsoft Game Studios
Lançamento: 27.09.2007
Plataformas: Xbox 360

Halo 3 começa duas semanas após os acontecimentos de *Halo 2*, mais precisamente em 17 de novembro de 2552. Master Chief cai na Terra, a nordeste da África, e é resgatado pelo sargento Johnson, Arbiter e um grupo de fuzileiros. Enquanto o resgate acontece, o ponto de impacto é fortemente atacado por forças Covenant. A destruição dos atacantes é grande e forças da UNSC são capturadas. John-117 e Arbiter escapam do local e seguem para a base mais próxima da UNSC, onde encontram Miranda Keyes. Um plano de ataque à frota do Prophet of Truth, que está à procura de um artefato nos escombros de New Mombasa, é feito para revidar.

Porém, as forças do Prophet of Truth estão prestes a atacar

a base e Master Chief parte para comandar as forças de defesa. O plano é explodir uma bomba e destruir as forças do império, porém os Covenant antecipam-se e destroem aqueles que preparavam os explosivos. Chief em pessoa resolve atacar os Brutes, que comandam as forças imperiais. Ele combate ferozmente e aciona a bomba, rechaçando os atacantes.

Tempos depois, Master Chief lidera um grupo de fuzileiros e vai até a cidade de Voi, no Quênia. Lá, há um novo combate com a Covenant e as forças de Chief invadem a cidade usando a força. Truth aciona um artefato que abre um grande portal, e uma nave Covenant infectada com Flood cai no local.

Elites chegam ao local para ajudar os humanos e deter os Flood. Shadow of Intent, a principal nave dos Elites, comanda a chegada dos reforços, assim como um novo aliado, a IA 343 Guilty Spark. Master Chief e seus comandados passam pelo portal aberto pelo Truth e vão parar em um local remoto da Via Láctea, onde descobrem uma grande instalação que se revela como o verdadeiro Ark.

As forças aliadas da Terra, comandados por Chief, Elites e o sargento Johnson, lançam um ataque ao local. Os dois primeiros grupos são bem-sucedidos, mas Johnson é capturado. Os aliados estão prontos para mais um ataque, pois Truth está prestes a acionar o Ark e continuar o projeto da Grande Jornada. Nesse momento da batalha, até mesmo Gravemind, líder Flood, une-se à ofensiva para deter o acionamento da estrutura Ark. O ataque é intenso e bem-sucedido, com Arbiter eliminando Truth. Chief descobre que há um Halo em construção para o lugar da estação destruída no primeiro jogo.

Gravemind quebra a trégua e torna-se a nova ameaça. Chief faz com que o líder Flood seja atraído para o local e pretende acionar o Halo do lugar para eliminar o inimigo. Como ainda não está concluído, o acionamento destruiria somente o Ark. Chief tem sucesso e explode, aparentemente, a estrutura e Gravemind consigo.

Os aliados correm para sair do local pelo portal e usam a fragata UNSC Forward Unto Dawn para deixar o Ark. A nave parte-se em duas, com os aliados em uma das partes e Chief na outra. A parte dos aliados passa pelo portal que leva até a Terra. A outra metade está com Chief e Cortana. De volta à Terra, é feita uma homenagem aos mortos. Arbiter e os Elites sobreviventes retornam ao seu planeta natal.

Depois dos créditos do jogo passarem pela tela, uma cena mostra Master Chief e Cortana presos na parte inferior da Dawn. Cortana envia um sinal de socorro, mas avisa ao seu companheiro que a ajuda pode demorar. Chief entra em uma câmara criogênica e diz "Quando você precisar de mim, me acorde".

Achievements (conquistas)

ASKAR (10): Marque 15 mil pontos como meta na quarta missão do modo Campaign.

ASSAULT (30): Termine a quarta missão do modo Campaign na dificuldade Normal, Heroic ou Legendary.

BLACK EYE (10): Encontre a skull Black Eye na dificuldade Normal, Heroic ou Legendary.

CAMPAIGN COMPLETE: HEROIC (125): Termine o modo Campaign na dificuldade Heroic.

CAMPAIGN COMPLETE: LEGENDARY (125): Termine o modo Campaign na dificuldade Legendary.

CAMPAIGN COMPLETE: NORMAL (125): Termine o modo Campaign na dificuldade Normal.

CATCH (10): Encontre a skull Catch na dificuldade Normal, Heroic ou Legendary.

CAVALIER (10): Marque 15 mil pontos como meta na terceira missão do modo Campaign.

CLEANSING (30): Termine a quinta missão do modo Campaign na dificuldade Normal, Heroic ou Legendary.

DEMON (10): Marque 15 mil pontos como meta na segunda missão do modo Campaign.

EXTERMINATOR (10): Marque 15 mil pontos como meta na quinta missão do modo Campaign.

FAMINE (10): Encontre a skull Famine na dificuldade Normal, Heroic ou Legendary.

FEAR THE PINK MIST (5): Mate 5 inimigos com o Needler no modo Campaign.

FOG (10): Encontre a skull Fog na dificuldade Normal, Heroic ou Legendary.

GRADUATE (10): Obtenha 5 EXP ou termine 10 jogos para completar o treinamento básico (on-line).

GUERILLA (10): Marque 15 mil pontos como meta na primeira missão do modo Campaign.

HEADSHOT HONCHO (5): Mate 10 inimigos com headshots (tiro na cabeça) no modo Campaign.

HOLDOUT (20): Termine a segunda missão do modo Campaign na dificuldade Normal, Heroic ou Legendary.

IRON (10): Encontre a skull Iron na dificuldade Normal, Heroic ou Legendary.

KILLING FRENZY (5): Mate 10 sem morrer em uma playlist de ranked free for all (on-line).

LANDFALL (20): Termine a segunda missão do modo Campaign na dificuldade Normal, Heroic ou Legendary.

LAST STAND (40): Termine a sétima missão do modo Campaign na dificuldade Normal, Heroic ou Legendary.

LEE R WILSON MEMORIAL (5): Marque cinco pontos com granadas em uma playlist de ranked free for all (on-line).

MARATHON MAN (40): Localize e acesse todos os Terminals no modo Campaign.

MAYBE NEXT TIME BUDDY (5): Assuma o controle de um veículo até 10 segundos após outro jogador ter assumido o controle do mesmo, no modo on-line.

MONGOOSE MOWDOWN (5): Atropele um inimigo com um Mongoose em uma playlist de ranked free for all (on-line).

MVP (5): Conquiste um MVP em uma playlist de ranked free for all (on-line).

MYTHIC (10): Encontre a skull Mythic na dificuldade Normal, Heroic ou Legendary.

ORPHEUS (10): Marque 15 mil pontos como meta na oitava missão do modo Campaign.

OVERKILL (5): Mate 4 inimigos em menos de 4 segundos em uma playlist de ranked free for all (on-line).

RANGER (10): Marque 50 mil pontos como meta na sexta missão do modo Campaign.

RECLAIMER (10): Marque 15 mil pontos como meta na missão final do modo Campaign.
REFUGE (30): Termine a sexta missão do modo Campaign na dificuldade Normal, Heroic ou Legendary.
RETURN (50): Termine a missão final do modo Campaign na dificuldade Normal, Heroic ou Legendary.
SPARTAN OFFICER (25): Avance para o Rank Spartan Officer (on-line).
STEPPIN' RAZOR (5): Marque um Triple Kill com a espada em uma playlist de ranked free for all (on-line).
THE KEY (40): Termine a oitava missão do modo Campaign na dificuldade Normal, Heroic ou Legendary.
THE ROAD (20): Termine a terceira missão do modo Campaign na dificuldade Normal, Heroic ou Legendary.
THUNDERSTORM (10): Encontre a skull Thunderstorm na dificuldade Normal, Heroic ou Legendary.
TILT (10): Encontre a skull Tilt na dificuldade Normal, Heroic ou Legendary.
TOO CLOSE TO THE SUN (5): Destrua um inimigo com um Spartan Laser ou Missile Pod em uma playlist de ranked free for all ou no modo Campaign.
TOUGH LUCK (10): Encontre a skull Tough Luck na dificuldade Normal, Heroic ou Legendary.
TRIPLE KILL (5): Mate 3 inimigos em menos de 4 segundos em uma playlist de ranked free for all (on-line).
TWO FOR ONE (5): Faça um Double Kill com um tiro simples de Spartan Laser em uma playlist de ranked free for all (on-line).
UNSC SPARTAN (15): Conquiste o rank Sergeant para se tornar um verdadeiro Spartan (on-line).
UP CLOSE AND PERSONAL (5): Mate 5 inimigos usando o movimento melee ou assassination em uma playlist de ranked free for all (on-line).

USED CAR SALESMAN (5): Destrua um veículo contendo 3 inimigos em uma playlist de ranked free for all ou no modo Campaign.

VANGUARD (10): Marque 50 mil pontos como meta na sétima missão do modo Campaign.

WE'RE IN FOR SOME CHOP (5): Destrua um veículo inimigo em uma playlist de ranked free for all ou no modo Campaign.

HALO WARS

Produção: Ensemble Studios
Distribuição: Microsoft Game Studios
Lançamento: 03.03.2009
Plataformas: Xbox 360

Os eventos de *Halo Wars* ocorrem no ano de 2531 – 21 anos antes de *Halo: Combat Evolved* – e narram a trajetória dos tripulantes da nave UNSC Spirit of Fire que se envolvem em uma missão decisiva para o futuro da humanidade.

Seis anos após a invasão da Covenant na colônia de Harvest, a Spirit of Fire é enviada ao planeta para investigar a atividade inimiga no local. A nave, capitaneada por James Cutter com o auxílio da IA Serina, traz entre seus tripulantes o sargento John Forge e Ellen Anders, uma cientista interessada nas antigas ruínas Forerunners.

Ao chegar a Harvest, Cutter descobre que a Covenant está promovendo escavações ao norte do planeta. Essas escavações, sob a responsabilidade do Arbiter, revelam a existência de uma instalação Forerunner. Quando Forge toma conhecimento desse fato, ordena que suas tropas enfrentem as forças da Covenant antes que elas destruam a instalação. Com a vitória dos humanos, Anders chega à instalação e descobre que se trata de um mapa interestelar cujas coordenadas apontam para a colônia humana de Arcadia.

A UNSC Spirit of Fire viaja para Arcadia e depara-se com os ataques da Covenant às cidades locais. Forge entra em contato com os Spartans da colônia e os ajuda no processo de evacuação dos civis. A Covenant cria um escudo gigante de energia para esconder a construção das máquinas Scarab, mas as forças da UNSC conseguem rompê-lo. Com a destruição das Scarab, o Arbiter sequestra Anders e escapa de Arcadia.

Forge e os Spartans embarcam na Spirit of Fire em busca de Anders e a caçada os leva a um planeta desconhecido de outro sistema estelar.

A superfície desse planeta misterioso está infestada pelo implacável Flood. Após ativar inadvertidamente a docking station dos Forerunners, a Spirit of Fire é invadida pelos Flood. Os Forerunner Sentinels surgem para combatê-lo e, após o incidente, os tripulantes da nave humana descobrem que o planeta em que pousaram contém um interior habitável e um pequeno sol. É nesse local que a frota da Spirit of Fire desvenda os planos da Covenant: utilizar uma antiga frota de naves Forerunners altamente avançadas para destruir a humanidade.

Enquanto as naves Forerunners são ativadas, Anders consegue escapar por meio de um aparelho de teletransporte e é resgatada. Em seguida, ela formula um plano para impedir que as naves caiam nas mãos da Covenant. A estratégia da cientista é detonar o reator mais rápido que a luz da Spirit of Fire no sol do planeta para que a explosão cause uma supernova e acabe com toda a frota. Contudo, antes que possam preparar o reator, Forge e os Spartans são emboscados pelo Arbiter e seus Elites. O confronto culmina com a derrota dos alienígenas e a morte do Arbiter. A vitória humana nessa missão, entretanto, não ocorre sem sacrifícios: em razão dos danos que o reator sofreu durante o confronto, só é possível acioná-lo manualmente, e Forge voluntaria-se para a tarefa suicida, alegando que os Spartans são necessários para a guerra entre a humanidade e a Covenant.

A UNSC Spirit of Fire escapa enquanto Forge destrói a frota Forerunner. Contudo, sem o reator, a nave fica à deriva no espaço. A tripulação, então, entra em sono criogênico por um longo tempo. Se o jogador finaliza o jogo na dificuldade Legendary, Serina acorda Cutter e diz a ele que "algo aconteceu".

Achievements

2 BUGS ARE BETTER THAN 1 (10): Vença uma partida de Skirmish com duas Scarabs.

24 HOURS OF QUALITY (20): Jogue *Halo Wars* por 24 horas.

ADJUDICATE THE ARBITER (30): Complete a campanha na dificuldade Heroic.

DETOUR THE GREAT JOURNEY (50): Complete a campanha na dificuldade Legendary.

MOMMA'S BOY (5): Obtenha uma medalha ouro em qualquer missão.

CRUSHED COLORS (10): Aumente os seus pontos em qualquer missão da Campanha.

OWN WORST ENEMY (15): Obtenha uma medalha de ouro com todas as Debuff skulls ativas.

EPIC GRINDER (20): Obtenha uma pontuação acima de 1 milhão na Campanha.

EVERYTHING'S BETTER WITH BACON (30): Missão 1: Atropele 50 Grunts com os Warthogs.

ENDLESS FUN (40): MISSÃO 2: Destrua todos os Methane Tank.

COVENANT "HOT DROP" (5): MISSÃO 3: Mate ao menos 5 unidades da Covenant com a Bridge.

THE REAL WINNER (5): MISSÃO 4: Salve Adam.

HE'S GOT THE JACK (5): Missão 5: Roube 6 veículos Covenant.

RHINO HUGGER (5): Missão 6: Proteja com sucesso todos os Rhino.

MICRO MANAGER (5): Missão 7: Não destrua nenhuma força Node.

RAMBLIN MAN (5): Missão 8: Use o Elephant para treinar 100 infantarias.

SWEET NAPTIME (5): Missão 9: Coloque todas as colônias no modo de hibernação ao mesmo tempo.

THE PROCRASTINATOR (5): Missão 10: Arrebente todos os Tractor Beams.

BATTENED DOWN THE HATCHES (5): Missão 11: Salve todos os Airlocks.

HANDY WITH TOOLS (5): Missão 12: Repare o Power Core em menos de 4 minutos.

BEAMING WITH PRIDE (5): Missão 13: Destrua 25 unidades com a Scarab.

DIDN'T GET TO SECOND BASE (5): Missão 14: Não construa uma segunda base.

THINKING ABOUT MY DOORBELL (5): Missão 15: Abra as portas na sequência.

BACKSCRATCHER (5): Complete qualquer missão da campanha no modo Co-op.

OMG BFF FTW (5): Complete a campanha inteira em Co-op.

PLAYIN' THE FIELD (10): Vença uma partida de Skirmish com cada líder.

GALLIVANT AROUND THE GALAXY (40): Vença uma partida em cada mapa do Skirmish.

EMPIRE BUILDER (15): Vença uma partida em cada modo de jogo do Skirmish.

TITAN (25): Obtenha 20 mil pontos em uma partida de Skirmish.

BIG AL'S SCOOTER (5): Vença um Heroic Skirmish Game contra o computador em menos de 10 minutos.

MY VIRTUAL FRIENDS LOVE ME (15): Vença uma partida de 3v3 no Skirmish com dois computadores aliados.

WALK-OFF WINNER (10): Utilize um dos seis Poderes do Major Lider para destruir a última unidade do inimigo.

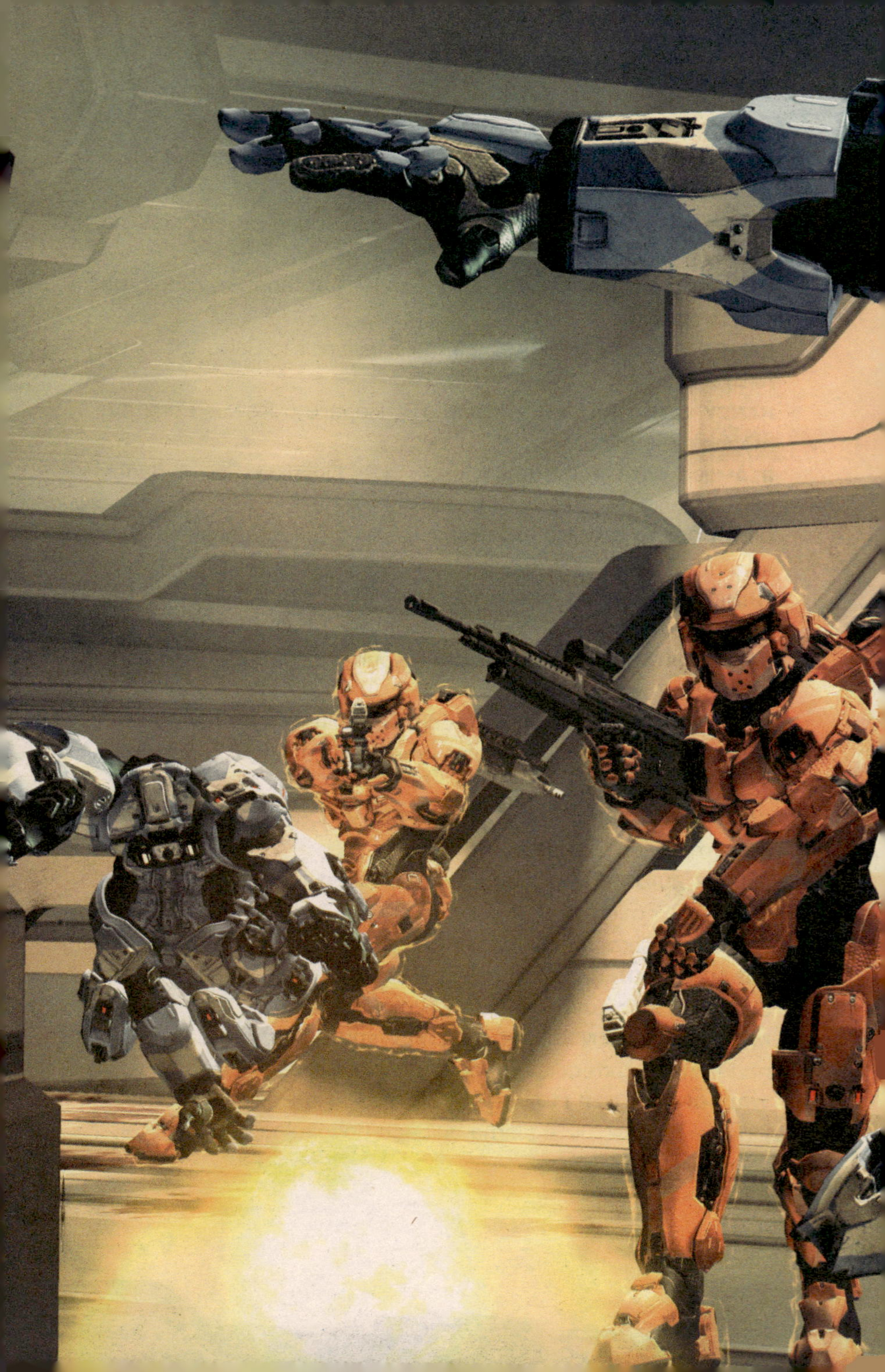

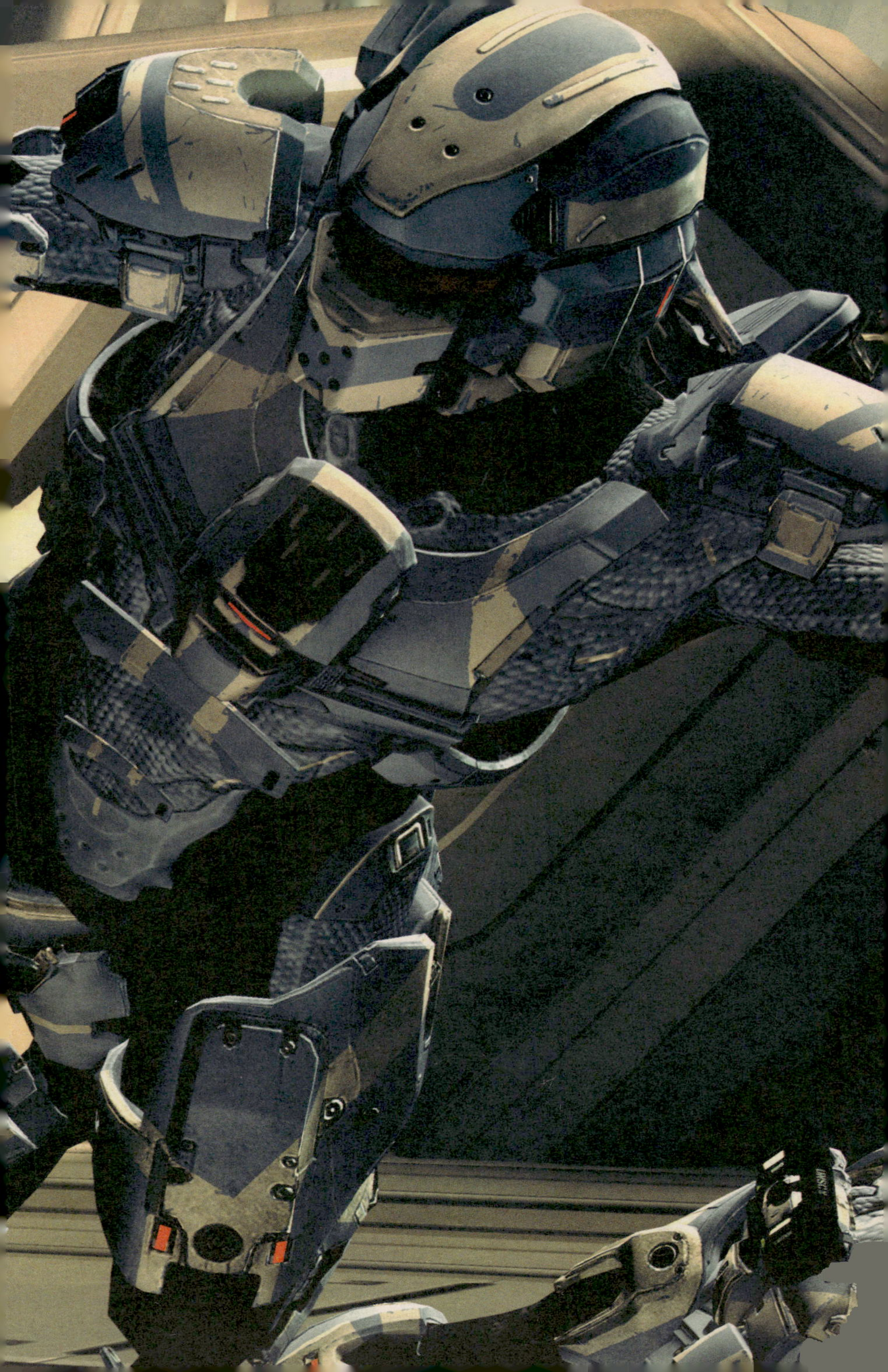

PENNY PINCHER (30): Obtenha uma vitória com alta pontuação com 10 ou menos equipes contra o computador no Heroic.

NOOB NO MOR3 (10): Vença uma Matchmade do Skirmish no Xbox LIVE.

SO LONELY AT THE TOP (10): Vença e obtenha a maior pontuação em uma Matchmade do Skirmish no Xbox LIVE.

BASICALLY NAIVE (10): Obtenha o Rank Recruit no Xbox LIVE.

OFFICER ON DECK (20): Obtenha o Rank Lieutenant no Xbox LIVE.

RUNNING THE SHOW (10): Obtenha o Rank General no Xbox LIVE.

ALAS, POOR ANDREW THOMAS (30): Colete a sua primeira skull.

GRAVEROBBER (50): Colete todas as skulls.

HALO ACADEMIC (5): Desbloqueie 20 eventos da linha do tempo.

HALO HISTORIAN (30): Desbloqueie todos os eventos da linha do tempo.

READY FOR THE SEQUEL (15): Complete 100% do jogo.

HALO 3: ODST

Produção: Bungie
Distribuição: Microsoft Game Studios
Lançamento: 22.09.2008
Plataformas: Xbox 360

Halo 3: ODST começa em 20 de outubro de 2552, 16h, hora de New Mombasa, África. Um esquadrão ODST (Orbital Drop Shock Troopers) está em missão na nave UNSC Say My Name. Os ODST são um esquadrão de elite dos Spartans que executam missões especiais. Esse em especial está pronto para atacar a nave do império Prophet of Regret. O grupo é formado pelos soldados Dutch, Dare, Romeo e Mickey, que já estão prontos, enquanto Rookie, o protagonista do jogo, está dormindo em um quarto. Os integrantes Buck e Dare alertam a todos que entrem em seus veículos de desembarque pois é chegada a hora. Eles se armam e despertam Rookie. Enquanto deixam a UNSC Say My Name, eles ficam sabendo que dezenas de ODST foram lançados na atmosfera da Terra, em uma ação coordenada para se infiltrar e capturar os líderes do Prophet of Regret, a nave alvo.

Nesse momento, a história converge brevemente com a de *Halo 2*. A nave Prophet of Regret executa um salto na velocidade da luz e deixa um rastro de destruição na cidade de New Mombasa. A onda de choque afeta a todos, incluindo o grupo ODST de Rookie, e o batalhão espalha-se pelo local da destruição. Após seis horas desacordado, Rookie acorda ao som de duas Phantom e vai na direção dos escombros da cidade à procura de seus companheiros. Lá, encontra uma patrulha Covenant e, mesmo sozinho, derrota os inimigos.

Ele entra em contato com Superintendent, uma Inteligência Artificial (IA), que dá coordenadas, mapas e locais que podem ajudar em sua missão. Rookie encontra pistas do que aconteceu e que mudam a perspectiva do jogador, que passa a jogar com outros membros do esquadrão ODST, seis horas antes do encontro entre Rookie e Superintendent.

Os dados da IA mostram Buck entrando em contato com Dare. A soldado mostra onde está e Buck abre caminho até a posição dela. No caminho, ele vê sinais das desavenças do império, entre Sangheili e Brutes. Buck encontra Romeo, assim como Mickey e Dutch, em outro ponto, enquanto ajudam na defesa do local da invasão imperial. As lutas prosseguem até os quatro chegarem ao HQ da NMPD (delegacia local), onde se juntam para enfrentar forças Covenant. Eles repelem o ataque e deixam o local com um veículo Phantom inimigo rumo à central do Superintendent.

De volta ao Rookie, o protagonista tenta fazer seu caminho para a central de dados do Superintendent e encontra Dare no caminho. Ela revela o plano original do grupo de evitar que o império chegue ao local e descubra o que está debaixo da cidade: um portal Forerunner. A central de dados está tomada por forças Covenant, mas os dois conseguem entrar.

Eles chegam ao núcleo da IA e encontram um Huragok. Dare diz que os membros da raça Huragok foram escravizados e não nutrem bons sentimentos por seus senhores. O Huragok chama-se Vergil e é bastante útil aos humanos na batalha dado seu conhecimento. Rookie e Dare convencem Huragok a segui-los.

Covenant ataca o local e os ODST abrem caminho para fugir. Eles suportam o pesado ataque até que o restante da equipe chega e os auxilia a fugir.

Após o final, em uma cena adicional, Prophet of Truth está na câmara que abriga o núcleo do Superintendent e descobre um extenso complexo Forerunner debaixo da terra.

Achievements

ALL EARS (30): Encontre 15 Audio Logs, sozinho ou acompanhado de outro ODST.
AUDIOPHILE (75): Encontre todos os Audio Logs, sozinho ou acompanhado de outro ODST.
BE LIKE MARTY (10): Em Firefight, termine um round sem eliminar inimigo algum.
BOOM, HEADSHOT (5): Execute 10 tiros na cabeça (headshot) em um estágio.
BOTH TUBES (5): Execute 10 inimigos com mísseis em Kizingo Boulevard.
CAMPAIGN COMPLETE: HEROIC (100): Complete a campanha na dificuldade Heroic.
CAMPAIGN COMPLETE: LEGENDARY (100): Complete a campanha na dificuldade Legendary para liberar o personagem Firefight.
CAMPAIGN COMPLETE: NORMAL (100): Complete a campanha na dificuldade Normal.
COASTAL HIGHWAY (50): Complete Coastal Highway na dificuldade Normal, Heroic ou Legendary para liberar uma missão Firefight.
DARK TIMES (5): Elimine 5 inimigos enquanto estiver usando VISR.
DATA HIVE (50): Complete Data Hive na dificuldade Normal, Heroic ou Legendary para liberar uma missão Firefight.
DOME INSPECTOR (5): Execute 15 tiros na cabeça (headshot) NMPD HQ.
EWWW, STICKY (5): Elimine 5 inimigos com uma granada pegajosa em um estágio.
FIREFIGHT: ALPHA SITE (10): Acumule 200 mil pontos em Firefight no estágio Alpha Site.

FIREFIGHT: CHASM TEN (10): Acumule 200 mil pontos em Firefight no estágio Chasm Ten.
FIREFIGHT: CRATER (10): Acumule 200 mil pontos em Firefight no estágio Crater.
FIREFIGHT: LAST EXIT (10): Acumule 200 mil pontos em Firefight no estágio Last Exit.
FIREFIGHT: LOST PLATOON (10): Acumule 200 mil pontos em Firefight no estágio Lost Platoon.
FIREFIGHT: RALLY POINT (10): Acumule 200 mil pontos em Firefight no estágio Rally Point.
FIREFIGHT: SECURITY ZONE (10): Acumule 200 mil pontos em Firefight no estágio Security Zone.
FIREFIGHT: WINDWARD (10): Acumule 200 mil pontos em Firefight no estágio Windward.
GOOD SAMARITAN (20): Não elimine Engineers à noite em New Mombasa, sozinho ou com outro ODST.
GUMSHOE (10): Encontre a terceira pista do mistério, sozinho ou com outro ODST.
HEADCASE (5): Termine qualquer estágio com uma skull ativada.
HEAL UP (5): Encontre o primeiro Medical Kiosk e cure a si mesmo.
I LIKE FIRE (5): Elimine 10 inimigos com um Flamethrower em Data Hive.
JUNIOR DETECTIVE (10): Encontre a primeira pista do mistério.
KIKOWANI STATION (30): Complete Kikowani Station na dificuldade Normal, Heroic ou Legendary.
KIZINGO BOULEVARD (30): Complete Kizingo Blvd. na dificuldade Normal, Heroic ou Legendary para liberar um personagem Firefight.
LASER BLASTER (5): Execute 10 inimigos com Spartan Laser em ONI Alpha Site.

LISTENER (5): Encontre o primeiro Audio Log.

MY CLOTHES! (5): Faça um Plasma Pistol Overcharge e elimine 10 Brutes.

NAUGHTY (5): Elimine 10 Engineers à noite em New Mombasa, sozinho ou com outro ODST.

NMPD HQ (30): Complete NMPD HQ na dificuldade Normal, Heroic ou Legendary para liberar um novo personagem Firefight.

ONI ALPHA SITE (30): Complete ONI Alpha Site na dificuldade Normal, Heroic ou Legendary para liberar uma nova missão Firefight.

PINK AND DEADLY (5): Execute 10 inimigos com Needler Super-combine.

STUNNING! (5): Detenha um veículo com uma pistola de plasma e elimine o motorista.

SUPER SLEUTH (10): Encontre a última pista do mistério, sozinho ou com outro ODST.

TAYARI PLAZA (30): Complete Tayari Plaza na dificuldade Normal, Heroic ou Legendary para liberar um personagem Firefight.

TOURIST (5): Acesse e faça o download do mapa da cidade para seu VISR.

TRADING DOWN (5): Troque armas com um companheiro

TUNED IN (15): Encontre 3 Audio Logs, sozinho ou com outro ODST.

UPLIFT RESERVE (30): Complete Uplift Reserve na dificuldade Normal, Heroic ou Legendary para liberar um personagem Firefight.

VIDMASTER CHALLENGE: CLASSIC (25): Complete qualquer estágio em Legendary ou LIVE sem atirar ou lançar granadas.

VIDMASTER CHALLENGE: DÉJÀ VU (25): Complete Highway no modo 4-jogadores Legendary LIVE Co-op, com Iron e sem Hog ou Scorpion.

VIDMASTER CHALLENGE: ENDURE (25): Em Firefight, ou qualquer outra missão, passe pelo quarto estágio no modo 4 jogadores Heroic LIVE Co-op.
WRAITH KILLER (5): Elimine todos os Wraiths em Uplift Reserve.

HALO: REACH

Produção: Bungie
Distribuição: Microsoft Game Studios
Lançamento: 14.09.2010
Plataformas: Xbox 360

No ano de 2552, a humanidade encontra-se em guerra contra a Covenant. O longo conflito é o responsável pela queda de quase todas as colônias interestelares dos seres humanos que, sob a proteção da UNSC, buscam resistir aos ataques alienígenas no planeta Reach.

Reach é uma colônia parecida com a Terra que abriga a principal base militar da UNSC e é o lar de mais de 700 milhões de civis. É nesse ambiente que o jogador, no controle de Noble Six, acompanha as ações da Noble Team, uma unidade de operações especiais da UNSC composta pelos supersoldados Spartans. O protagonista Noble Six é apresentado como o novo membro do time, que conta com outros cinco integrantes: Carter, Kat, Jorge, Emile e Jun. Carter-A259 é o líder da equipe, enquanto Kat B-320 é a segunda no comando. Ambos são os únicos remanescentes do Noble Team original. Os demais membros incluem o especialista em armas pesadas Jorge-052, o perito em atentados Emile-A239 e o atirador Jun-A266.

No início do jogo, o Noble Team é enviado para Reach com o objetivo de descobrir por que as comunicações cessaram no planeta. Ao chegar ao local, eles logo encontram a resposta: trata-se da chegada das forças Covenant ao planeta. Após defenderem uma instalação da Office of Naval Intelligence (ONI) da investida inimiga, os supersoldados conhecem Catherine

Halsey, a cientista responsável pelo projeto Spartan e pela poderosa armadura que eles usam, a MJOLNIR. Ela informa que a Covenant está à procura de informações importantes em Reach.

Jun e Six reúnem-se em uma missão secreta para avaliar a força Covenant no planeta e, no dia seguinte, o Noble Team junta-se à UNSC no ataque a uma base inimiga. No conflito, uma enorme nave vem ao auxílio dos alienígenas, e Jorge e Six armam um plano para destruí-la. Os Spartans montam uma bomba de improviso e aproximam-se do alvo. Porém, devido ao estado precário do dispositivo da bomba, Jorge prontifica-se a se sacrificar para detoná-la e acabar com a nave. A despeito do ato heroico, novas frotas Covenant chegam à Reach e dão início a uma invasão sem precedentes.

Six retorna à superfície e segue para a cidade de New Alexandria. O Spartan auxilia os militares locais no confronto contra os alienígenas e na evacuação da área, posteriormente reencontrando-se com sua equipe. Quando a Covenant começa a bombardear a cidade com plasma, o Noble Team parte para um abrigo subterrâneo. No caminho, Kat é morta por um sniper.

Convocados a ir para a Sword Base, os membros do Noble Team são informados por Catherine Halsey sobre a existência de um artefato antigo que pode ser a chave para a vitória na guerra contra a Covenant. Carter, Emile e Six recebem a tarefa de transportar a Inteligência Artificial Cortana – e as informações sobre o artefato que ela carrega consigo – à nave UNSC Pillar of Autumn, enquanto Jun é encarregado de escoltar a cientista para outra base.

No caminho, Carter é ferido gravemente e joga a sua nave em uma plataforma de ataque móvel da Covenant para permitir que Emile e Six aproximem-se com segurança da Autumn.

Enquanto Emile defende a nave, Six enfrenta as forças terrestres inimigas para levar Cortana até Jacob Keyes, o capitão da Pillar of Autumn. Com a morte de Emile, Six resolve ficar para trás a fim de assegurar a integridade da nave enquanto ela escapa. A UNSC Pillar of Autumn descobre um Halo e desencadeia os eventos de *Halo: Combat Evolved*.

Na cena pós-créditos de *Halo: Reach*, Noble Six aparece em seus momentos finais contra as forças da Covenant. Anos mais tarde, o capacete dele é visto na superfície do agora restaurado planeta Reach, enquanto a narração de Halsey cita a contribuição do Noble Team para a vitória da humanidade na guerra.

Achievements

A MONUMENT TO ALL YOUR SINS (150): Complete cada missão de *Halo: Reach* sozinho no Legendary.

A NEW CHALLENGER (10): Complete todos os Daily Challenges em um determinado dia.

A SPOONFUL OF BLAMITE (10): Mate 10 inimigos no Firefight ou na Campanha com uma explosão supercombinada.

A STORAGE SOLUTION (5): Use o File Browser para baixar um arquivo para o seu File Share.

AN ELEGANT WEAPON (10): Mate 10 inimigos no Firefight ou na Campanha com a DMR.

AN HONOR SERVING (25): Alcance o posto de Capitão na UNSC.

BANSHEES, FAST AND LOW (25): Sequestre um Banshee durante a Campanha.

BE MY WINGMAN, ANYTIME (5): Deixe um colega voltar ao jogo em você por 5 vezes em uma partida de Invasion Matchmaking.

BLAZE OF GLORY (25): Marque 200 mil pontos em uma partida de Firefight.

COOL FILE, BRO (5): Recomende um arquivo a alguém.

CROWD CONTROL (10): Obtenha uma medalha de Killionaire no Firefight.

DOCTOR, DOCTOR (5): Use um Health Pack para restaurar a saúde após sofrer danos físicos.

DUST AND ECHOES (10): Complete a oitava missão no Normal ou superior.

FIRESTARTER (10): Marque 50 mil pontos em uma partida de Firefight.

FOLKS NEED HEROES (50): Complete a Campanha na dificuldade Heroic.

GAME, SET, MATCH (25): Complete uma partida no Firefight no Legendary sem morrer.
GODS MUST BE STRONG (125): Complete a Campanha na dificuldade Legendary.
HEAT IN THE PIPE (75): Marque 1 milhão de pontos em uma partida de Firefight.
I DIDN'T TRAIN TO BE A PILOT (10): Acabe com 3 baterias antiaéreas na oitava missão.
I NEED A WEAPON (10): Complete a quarta missão no Normal ou Harder.
I SEE YOU FAVOUR A .45: (10): Mate 10 inimigos no Firefight ou na Campanha com a pistola M6G.
IF THEY CAME TO HEAR ME BEG (25): Execute um Assassination em um Elite durante uma queda que deveria ser fatal.
INTO THE HOWLING DARK (10): Complete a sétima missão no Normal ou Harder.
KEEP IT CLEAN (5): Mate 7 Moa durante a segunda missão da Campanha.
KNIFE TO A GUN FIGHT (5): Como um Elite, mate 5 Spartans no Matchmaking.
LEMME UPGRADE YA (10): Leve uma Commendation ao nível Silver.
LUCKY ME (25): Obtenha um Triple Kill por meio do Jetpack na Campanha, no Firefight ou no Matchmaking.
MAKE IT DRIZZLE (10): Compre um item do Armory.
MAKE IT RAIN (10): Compre um item do Armory que exija o nível de tenente-coronel.
ONE DOWN, 51 TO GO (10): Complete um Weekly Challenge.
PROTOCOL DICTATES ACTION (10): Complete a terceira missão no Normal ou superior.
SCORE ATTACK (10): Marque 15 mil pontos de Score Attack no Firefight ou no Matchmaking.

SEND ME OUT... WITH A BANG (10): Complete a décima missão no Normal ou Harder.
SKUNKED (10): Vença no Invasion na primeira fase.
SWAP MEET (10): Troque armas com um aliado IA na Campanha.
TANK BEATS EVERYTHING (25): Finalize a nona missão no Legendary com o Scorpion intacto.
THAT'S A KNIFE (10): Execute um Assassination em um inimigo.
THE SOLDIER WE NEED YOU TO BE (25): Complete a Campanha na dificuldade Normal.
THE START OF SOMETHING (15): Alcance o posto de cabo na UNSC.
THEY'VE ALWAYS BEEN FASTER (25): Finalize a segunda missão sem dirigir qualquer veículo.
THIS IS NOT YOUR GRAVE (10): Complete a nona missão no Normal ou superior.
TO WAR (10): Complete a quinta missão no Normal ou superior.
TWO CORPSES IN ONE GRAVE (25): Destrua dois veículos de uma vez com o Target Locator na terceira missão.
WAKE UP BUTTERCUP (25): Destrua os motores e a escolta do Corvette em menos de 3 minutos na sexta missão na dificuldade Heroic ou superior.
WE'RE JUST GETTING STARTED (10): Complete a segunda missão no Normal ou superior.
WHAT'S A KILLING SPREE? (5): Obtenha um Killing Spree no Multiplayer do Matchmaking.
YES, SENSEI (10): Obtenha uma medalha First Strike no Matchmaking.
YOU FLEW PRETTY GOOD (10): Complete a sexta missão no Normal ou superior.
YOUR HERESY WILL STAY YOUR FEET (25): Mate o Elite Zealot antes que ele escape durante a quinta missão.

HALO 4

Produção: 343 Industries
Distribuição: Microsoft Game Studios
Lançamento: 06.11.2012
Plataformas: Xbox 360

Quatro anos após os eventos de *Halo 3*, Master Chief e Cortana estão presos no que restou da nave Forward Unto Dawn. A nave entra na órbita de um planeta artificial chamado Requiem. Master Chief deixa seu sono criogênico graças a Cortana, pois Unto Dawn está prestes a ser abordada por forças Covenant. Antes da abordagem, a nave de Chief é capturada pela gravidade de Requiem e entra em sua atmosfera.

Chief e Cortana aterrissam e exploram o local. Cortana diz a Chief que está enfrentando um mal chamado Rampant, um estado mental que surge em toda IA após certo período de tempo. Essa anomalia faz com que a IA entre em declínio e pense na própria morte. Chief diz que levará Cortana de volta à Terra para ser curada. Porém, eles devem enfrentam forças do império, incluindo alguns Prometheans, seres criados geneticamente pelos Forerunner. Nesse meio tempo, Cortana capta uma mensagem da nave UNSC Infinity, que por sua vez captou o pedido de ajuda enviado pela IA em *Halo 3*. Na troca de mensagens, Cortana tenta avisar a Infinity que não se aproxime da gravidade do planeta, mas chega a Requiem.

Enquanto isso, a batalha entre Chief e as forças Covenant acaba libertando um ser chamado Ur-Didact, um antigo guerreiro Forerunner. Ur-Didact não perde tempo e assume o comando das forças Covenant, ordenando que Chief e a nave Infinity sejam atacados com toda a força.

Cortana entra em contato com Infinity e aciona suas armas para que as forças imperiais sejam atacadas. O capitão Del Rio, membro importante da nave, resolve destruir o sistema de gravidade do planeta para sair de seu efeito. Ao mesmo tempo, Chief é contatado por uma Forerunner conhecida como Librarian, que se revela esposa de Didact. Ela diz que Didact foi banido no passado, pois usou um dispositivo chamado de Composer para converter os Prometheans sob seu comando como escravos. Ele foi detido por Librarian, ser que guiou o desenvolvimento dos humanos ao longo dos séculos.

De volta à batalha, Master Chief comanda o ataque que destrói o sistema de gravidade do planeta e libera a Infinity. Capitão Del Rio exige que a nave volte à Terra, incluindo Chief, mas o herói desobedece a ordem, mesmo com os problemas de Cortana. Sua intenção é deter Didact, que se mostra uma forma hostil. O Comandante Lasky, da Infinity, fornece a Chief um Pelican e o libera para executar seus planos.

Chief e Cortana planejam sabotar a nave de Didact, mas não conseguem e partem para perseguição ao inimigo. Na perseguição, descobrem uma estação Halo, conhecida como Instalation 03. O Composer está no Halo, em uma estação chamada Ivanoff. Covenant parte para o local na busca pelo artefato. Master Chief defende a estação Ivanoff, mas Didact recupera o Composer e parte para a Terra na velocidade da luz.

Chief está logo atrás e junta-se à Infinity e às forças da UNSC para atacar a nave de Didact com explosivos nucleares. Cortana multiplica-se virtualmente para sobrecarregar o sistema inimigo. Master Chief consegue a vitória com a bomba, o Composer é destruído, mas Cortana perde-se no ataque.

No final do jogo, Didact ressurge e diz que os Forerunner são os guardiões da galáxia e declara que os humanos são a maior ameaça a ela.

Achievements

A LEGENDARY EPISODE (40): Complete todos os capítulos do Spartan Ops Episode 1 na dificuldade Legendary.
ARMORER (5): Altere sua armadura Spartan no Spartan Armor Card.
BADGE (5): Mude seu Emblem no Spartan ID Card.
BROMAGEDDON (40): Complete a campanha cooperativa na dificuldade Heroic ou superior.
BROPOCALYPSE (10): Complete qualquer missão cooperativa na dificuldade Heroic ou superior.
BROS TO THE CLOSE (20): Complete a missão 4 sem a morte de Marines nas dificuldades Heroic ou superior.
CHIEF, SMASH! (20): Elimine 3 Crawlers com um tiro de Gravity Hammer na missão 8.
COMPOSER (10): Complete a missão 7 em qualquer dificuldade.
CONTACT THE DOMAIN (10): Encontre o Terminal no modo Campaign.
CRIMSON ALONE (20): Complete um capítulo Spartan Ops na dificuldade Legendary.
DAWN (10): Complete a missão 1 em qualquer dificuldade.
DEDICATED TO CRIMSON (80): Complete todos os capítulos dos 5 episódios no modo Spartan Ops em qualquer dificuldade.
DIGGING UP THE PAST (20): Encontre e acesse as gravações de Chief na missão 1.
EXPLORE THE FLOOR (20): Force um Hunter a cair na missão 6.
FORERUNNER (10): Complete a missão 3 em qualquer dificuldade.
GAME CHANGER (5): Crie e salve um Custom Game no modo War Games.
GIVE HIM THE STICK (20): Derrube 2 Hunters usando apenas um Sticky Detonator na missão 7.

HANGING ON THE COMBAT DECK (30): Vença 20 partidas no modo War Games.

I <3 RED VS BLUE (15): Vença 5 partidas no modo War Games.

I NEED A HERO (40): Complete o modo Campaign na dificuldade Heroic ou superior.

INFINITY (10): Complete a missão 4 em qualquer dificuldade.

KNIGHT IN WHITE ASSASSINATION (20): Elimine um Knight em uma missão Spartan Ops.

LONE WOLF LEGEND (90): Complete o modo Campaign Solo na dificuldade Legendary.

MIDNIGHT (10): Complete a missão 8 em qualquer dificuldade.

MIDNIGHT LAUNCH (20): Tenha ar suficiente no Warthog à meia-noite na missão 2.

MORTARDOM (20): Capture um Wraith e use-o para eliminar pelo menos quatro Wraiths inimigos na missão 5 na dificuldade Heroic ou superior.

MOVIN' ON UP (25): Alcance o rank SR-20.

NO EASY WAY OUT (20): No capítulo 1, episódio 5, do modo Spartan Ops, sobreviva ao ataque inimigo durante a defesa na dificuldade Normal ou superior.

NO ONE LEFT BEHIND (20): Salve pelo menos um Marine no capítulo 3 do episódio 2 do modo Spartan Ops na dificuldade Heroic ou superior.

NOT SOME RECRUIT ANYMORE (15): Alcance o rank SR-5.

OPERATION COMPLETION (15): Complete uma missão Spartan Ops em qualquer dificuldade.

PWND (5): Mude seu Service Tag no Spartan ID Card.

RECLAIMER (10): Complete a missão 5 em qualquer dificuldade.

REQUIEM (10): Complete a missão 2 em qualquer dificuldade.

ROSES VS VIOLETS (20): Encontre um RvB Easter Eggs no modo Spartan Ops.

SHARING IS CARING (5): Faça o upload de um arquivo em seu File Share.

SHUTDOWN (10): Complete a missão 6 em qualquer dificuldade.

SKULLDUGGERY (15): Complete qualquer missão do modo Campaign com 3 ou mais skulls na dificuldade Heroic ou superior.

SNAPSHOT! (5): Salve um Screenshot na opção Theater.

TERMINUS (50): Encontre todos os Terminals no modo Campaign.

THE CARTOGRAPHER (5): Crie e salve uma partida no modo Custom Map em Forge.

THE CHALLENGED (10): Complete um Challenge.

THE CHALLENGER (20): Complete 25 Challenges.

THE DIRECTOR (5): Salve um Film Clip na opção Theater.

THE LEGEND OF 117 (70): Complete o modo Campaign na dificuldade Legendary.

THIS IS MY RIFLE, THIS IS MY GUN (20): Transporte as armas UNSC por todo o caminho da missão 3 na dificuldade Heroic ou superior.

WAKE UP, JOHN (20): Complete o modo Campaign na dificuldade Normal ou superior.

WHAT A POSER! (5): Mude seu Spartan's pose no Spartan ID Card.

WHAT POWER OUTAGE? (20): Complete o capítulo 4 do episódio 5 do modo Spartan Ops, sem perder geradores, na dificuldade Heroic ou superior.

CAPÍTULO 7
LINHA DO TEMPO

2160-2200

Essa fase da história dos seres humanos foi marcada por uma série de conflitos entre os vários governos e facções do Sistema Solar, como a Campanha das Luas de Júpiter, as Guerras da Floresta Tropical e os confrontos em Marte.

Conforme o aumento da população e das agitações políticas na Terra, uma série de novos movimentos políticos ganharam espaço. Dentre os dissidentes mais famosos estavam os movimentos Koslovics e Frieden.

Os Koslovics, apoiadores do neocomunista Vladimir Koslov, queriam um retorno aos dias de glória do comunismo. Para tal, reivindicavam a eliminação da influência capitalista e corporativa, especialmente em instalações orbitais e colônias de outros mundos.

Já o Frieden representou o ressurgimento do fascismo, contrário ao ideal neocomunista dos Koslovics. Fomentado nas colônias de Jovian com o apoio de corporações alemãs, o Frieden acreditava que a ordem só poderia ser alcançada com a eliminação dos "opressores na Terra Firme".

2160

Março-junho: Com o início da Campanha das Luas de Júpiter, separatistas de Jovian atacaram as United Nations Colonial Advisors na Lua, gerando três meses de conflito entre os militares da Terra e as forças Frieden. Embora não tenha sido o primeiro confronto armado no Sistema Solar, o conflito foi bastante sangrento, a ponto de ser considerado a faísca para os crescentes atritos que se seguiram.

Em meio às tensões, os governos da Terra – que possuíam colônias patrocinadas dentro do sistema – iniciaram guerras por procuração fora do planeta, o que resultou em animosidades e conflitos armados na própria Terra.

2162

Nas Guerras da Floresta Tropical, os Koslovics, a Frieden e as forças da UN entraram em conflitos armados na América do Sul em razão das divergências ideológicas. Tais conflitos geraram faíscas fora do planeta, fomentando a já grande tensão no Sistema Solar.

2163

Como reflexo das Guerras da Floresta Tropical, os confrontos entre os movimentos ideológicos chegaram até Marte. Os Koslovics sofreram ataques relâmpago próximos à Argyre Planitia, o que resultou na primeira implantação extraterrestre dos fuzileiros navais. Com o sucesso da campanha dos fuzileiros, a doutrina militar ganhou força.

2164

As forças militares patrocinadas pela UN passaram a ser incrementadas, o que culminou na primeira guerra interplanetária. A UN derrotou os Koslovics e a Frieden na Terra, dedicando-se em seguida a uma manobra sistemática de repressão dos remanescentes desses grupos em outros planetas. Como resultado, a UN formou um grande, unificado e poderoso corpo militar.

2170

Em decorrência dos conflitos dos últimos anos, um governo unificado foi formado na Terra. Porém, os vitoriosos depararam-se com outra grande ameaça: a superpopulação e um imenso corpo militar sem inimigos a combater.

2291

Um grupo de matemáticos, físicos e pesquisadores trabalhou em segredo no Shaw-Fujikawa Translight Engine, um meio eficaz de impulsionar naves espaciais por vastas distâncias interestelares. Com esse novo motor, era possível fazer com que as naves passassem pelo Slipspace, um domínio com leis físicas alternativas onde se podia viajar mais rápido que a luz sem os efeitos colaterais da relatividade.

2310

Em razão das condições deploráveis da Terra devido à superpopulação, o governo encontrou nas colônias uma solução. Foi então lançada a primeira de uma linha de naves de assentamento. Por trás dessa manobra, havia também a intenção de estabelecer militares em cada colônia para livrar-se dos gastos excessivos com o deslocamento de tropas.

Devido aos altos custos da então recém-desenvolvida viagem FTL, colonos e militares enfrentaram um regime rigoroso de testes físicos e mentais. Teoricamente, somente os cidadãos e soldados mais qualificados seriam autorizados a colonizar os mundos próximos. Isso daria origem às Inner Colonies, que futuramente seriam consideradas as colônias mais prestigiadas.

2362

Em 1º de janeiro, a nave Odissey foi lançada. Transportando tropas e equipamentos de terraformação, ela encabeçou a primeira onda de colonização além do Sistema Solar.

2390

A colonização das Inner Colonies estava em pleno andamento. Aproximadamente 210 planetas ocupados por humanos estavam em vários estágios de terraformação.

2468

A colônia exterior de Harvest foi fundada e a estação espacial Tiara foi construída.

2473

A nave de colonização UNSC Spirit of Fire foi construída.

2490

A expansão prosseguiu em ritmo rápido, com mais de oitocentos planetas primariamente ocupados por todo o Braço de Órion. As Inner Colonies tornaram-se redutos políticos e econômicos, ainda que dependessem das matérias-primas fornecidas pelas Outer Colonies.

Nesse ínterim, o planeta Reach tornou-se a academia de treinamento de Special Forces da UNSC, bem como um grande produtor de naves de guerra e de colonização.

2491

O Projeto ORION, antecessor do Spartan-II, foi iniciado pelo Escritório de Inteligência Naval.

2492
A UNSC expediu o código BANDERSNATCH, permitindo o uso de armas nucleares para acabar com a rebelião em massa na colônia de Far Isle.

2494
Ocorreu a primeira insurreição no sistema de Eridanus.

2495
O UNSC Hopeful tornou-se o maior hospital militar móvel da história. Atacado por grupos que variaram de rebeldes até a Covenant, o hosptial permaneceu sob o comando do almirante Ysionris Jeromi.

2496
A insurreição em Eridanus foi contida pelas forças da UNSC.

2502
Em 13 de março, foi executada a operação KALEIDOSCOPE, concebida por oficiais do projeto ORION. Ela consistiu no assassinato do líder rebelde da Secessionist Union por Avery J. Johnson, um jovem cabo da UNSC Marine Corps.

2510
O sistema estrutural do cruzador Pillar of Autumn foi concebido pelo doutor Robert McLees.

2512
Uma equipe de pesquisa geológica no Sigma Octanus IV encontrou rochas com composições estranhas. Elas derivavam do impacto de meteoros há aproximadamente 60 mil anos.

2513

A segunda insurreição em Eridanus, liderada pelo coronel Robert Watts, foi suprimida pela UNSC. Watts foi levado ao cinturão de asteroides local.

A UNSC MED CORPS proibiu as mutações cerebrais.

O 1º Batalhão da 21ª Divisão de Fuzileiros Navais da UNSC, liderado pelo coronel Ponder, foi enviado ao Eridanus II em uma tentativa de capturar os líderes rebeldes e conter a revolta. A missão, porém, culminou com a morte de um familiar de um dos insurgentes e o rebaixamento de Ponder ao posto de cápitão.

2517

Em 17 de agosto, a doutora Halsey e o tenente Keyes conheceram o pequeno John, de apenas seis anos, em um pátio de recreio em Elysium City.

2517

Em 23 de setembro, o projeto Spartan-II iniciou-se em Reach com 75 recrutas. O projeto nasceu da necessidade de desenvolver uma equipe militar eficaz para aliviar as tensões políticas e contornar a guerra civil.

2519

Em 12 de julho, John tornou-se líder de esquadrão.

2520

A UNSC Spirit of Fire tornou-se uma nave de combate militar.

2524

Em 16 de junho, duas equipes lideradas pelos sargentos Nolan Byrne e Avery J. Johnson infiltraram-se na cidade de Casbah, situada na colônia de Tribute, para eliminar insurgentes criadores de bombas. Embora os esquadrões da UNSC tenham conseguido neutralizar uma instalação de fabricação de explosivos, alguns dos rebeldes contrabandearam bombas. A situação agravou-se quando uma delas foi explodida, causando a morte de 43 pessoas, incluindo civis, rebeldes e fuzileiros navais.

2525

Em fevereiro, uma nave Jackal chegou ao sistema Epsilon Indi e descobriu a colônia humana de Harvest. O Luminary (dispositivo Covenant projetado para detectar artefatos Forerunners) a bordo detectou a presença de várias relíquias na superfície de Harvest. Em vez de entrar em contato imediatamente com o Conselho Superior da Covenant para avisar sobre a descoberta, os Jackals investiram contra a UNSC para reivindicar os objetos. Os sargentos Avery Johnson e Nolan Byrne, acreditando que se tratava de um ataque rebelde, impediram o pouso da nave Jackal em Harvest. Após a revelação da verdadeira natureza dos invasores, a UNSC mobilizou a Colonial Militia (reserva do exército destinada à proteção dos cidadãos em caso de invasão inimiga) para lidar com a nova ameaça.

2525

Em 3 de fevereiro, o contato com Harvest foi perdido logo após a colônia relatar a presença de um objeto desconhecido. A Colonial Military Administration enviou a nave Argo a fim de investigar o ocorrido.

2525

Em 11 de fevereiro, o ministro da Fortaleza e o vice-ministro da Tranquilidade do Conselho Superior da Covenant conceberam um plano para derrubar os Hierarchs e tomar posse das relíquias Forerunners. Discordâncias políticas dentro da hierarquia Covenant determinaram que os Ministros deveriam sitiar Harvest com uma nave guiada pelo chefe Maccabeus para obter o controle dos objetos Forerunners. A investida em Harvest iniciou-se após o ataque a um miliciano local.

2525

Após colocar o plano para funcionar, o ministro da Fortaleza e o vice-ministro da Tranquilidade pediram o conselho de um Oracle. Este último revelou que a colônia de Harvest não tinha artefatos dos antigos Forerunners, mas assentamentos humanos que a Covenant interpretou erroneamente tratavam-se, na verdade, de "Forerunners vivos". Após a descoberta, os dois ministros não só levaram o plano adiante como mantiveram sigilo sobre a existência desses seres, a fim de evitar uma crise sem precedentes para a Covenant.

2525

Com o ataque do chefe Maccabeus e sua tripulação em Harvest, as forças da Colonial Militia evacuaram os civis das grandes cidades para levá-los à cidade de Utgard. Em um esforço para salvar o maior número possível de colonos, a Colonial Militia os transportou para a estação espacial Tiara e para as naves da UNSC.

A nave de Maccabeus conseguiu ser contida e os colonos que restaram foram levados para longe da devastada Harvest. Após o golpe, o ministro da Fortaleza e o vice-ministro da

Tranquilidade tornaram-se os High Prophets Truth e Regret.

A Covenant declarou guerra aos humanos a fim de salvaguardar o seu lugar na história dos Forerunners.

2525

Em 20 de abril, a nave Argo chegou ao sistema Epsilon Indi e fez uma transmissão de confirmação. Não foram recebidos novos relatórios.

2525

Em 9 de março, os Spartans passaram por uma série de alterações biológicas, neurológicas e fisiológicas. Entre eles, 30 morreram, 12 ficaram permanentemente incapacitados e 33 se adaptaram com sucesso às alterações.

2525

Em 12 de setembro, ocorreu com êxito a primeira missão oficial dos Spartans. O objetivo era infiltrar-se na base rebelde de Eridanus para capturar o líder dos rebeldes, o coronel Robert Watts.

2525

Em 7 de outubro, um grupo de combate da UNSC a bordo do destróier Heracles e sob o comando do capitão Veredi chegou à Harvest e descobriu a sua completa devastação. Uma nave alienígena que estava por perto avistou o destróier e o atacou, danificando-o severamente. Comunicações interceptadas identificaram o atacante como um Covenant. A mensagem "Sua destruição é a vontade dos deuses… e nós somos o instrumento deles" foi transmitida na linguagem da UNSC.

2525

No primeiro dia de novembro, o vice-almirante Preston Cole mobilizou a maior frota da história humana para retomar Harvest.

2525

Em 2 de novembro, os Spartans souberam do ataque da Covenant em Harvest. Mendez passou a treinar o próximo grupo de Spartans.

2525

Em 27 de novembro, o projeto MJOLNIR foi apresentado para John e sua equipe na UNSC Damascus Materials Testing Facility no planeta Chi Ceti-4. O projeto consistia no uso de armaduras cientificamente avançadas e sob medida para os biologicamente aprimorados Spartans. Equipados, eles destruíram uma nave Covenant utilizando uma arma nuclear.

2530

A colônia de Eridanus II foi destruída pela Covenant.

2531

A frota de Cole encontrou a nave de guerra alienígena responsável pela dizimação da colônia e conseguiu derrotá-la, embora o confronto tenha custado a vida de dois terços do grupo. Após ser promovido a almirante e retornar à Terra, Cole soube da destruição de várias colônias periféricas e das batalhas terrestres cada vez mais frequentes.

2531

No primeiro dia de maio, o Spartan-II Blue Team chegou

ao planeta Victoria do sistema 111 Tauri com o objetivo de se infiltrar em um posto rebelde e recuperar várias ogivas nucleares roubadas da UNSC. A operação foi executada com sucesso.

2531

Em 7 de novembro, Kurt – o Spartan-051 – foi secretamente transferido para a ONI Section Three e designado a treinar uma nova geração de soldados. Eles integraram o Spartan-III, treinados por Mendez e sob a autoridade do coronel Ackerson.

2535

No decorrer de quatro anos, as forças de Cole foram esmagadas e praticamente todas as Outer Colonies foram destruídas pela Covenant. O Protocolo Cole foi, então, estabelecido pelos militares: todas as naves humanas deveriam garantir que as forças da Covenant nunca encontrassem a Terra. Se a captura da nave fosse iminente, o capitão deveria ordenar sua autodestruição.

2535

Em 12 de fevereiro, a colônia de Jericho VII no sistema Lambda Serpentis foi destruída.

2536

As forças da Covenant chegaram às Inner Colonies. Por vários anos, a guerra seguiu um padrão: os humanos venciam batalhas isoladas – geralmente terrestres – a custos terríveis, enquanto perdiam as colônias a uma taxa vertiginosa.

2537
Em 27 de julho, um grupo Spartan-III iniciou a operação PROMETHEUS com o intuito de destruir o estaleiro Covenant no K7-49. A missão foi bem-sucedida, embora tenha custado a vida de todos os soldados.

2537
Uma insurreição armada ocorreu na colônia de Mamore.

2545
Em 3 de julho, um grupo Spartan-III deu início à operação TORPEDO, que consistia na destruição de uma refinaria Covenant. A missão ocorreu com sucesso, apesar da perda dos soldados Tom e Lucy.

2547
O Escritório de Inteligência Naval anunciou publicamente a existência do programa Spartan-II em um esforço para elevar a moral dos humanos.

2550
O cruzador The Pillar of Autumn foi reparado para servir próximo ao sistema Zeta Doradus.

2551
Em 19 de fevereiro, o aprimoramento biológico dos soldados do Spartan-III foi autorizado por Ambrose. O processo consiste em modificações químicas cerebrais destinadas a melhorar as reações de sobrevivência em momentos de absoluto estresse.

2552

Em 17 de julho, uma frota Covenant foi descoberta entrando no sistema Sigma Octanus. O comandante Keyes, a bordo do destróier UNSC Iroquois, atacou-a e obteve uma das raras vitórias dos humanos contra as naves Covenant. O sucesso da ação rendeu a Keyes o posto de capitão pelo almirante Stanforth.

2552

Em 18 de julho, os Spartans e Marines enfrentaram as forças da Covenant em terra, arrasando a cidade de Cote D'Azur e eliminando muitos alienígenas (e alguns humanos).

O destróier Iroquois destruiu uma nave de espionagem Covenant que recebia uma transmissão codificada da superfície. Os sete sobreviventes da nave fugiram. O Iroquois retornou para Reach para um interrogatório sem saber da existência de um rastreador da Covenant acoplado a si mesmo.

2552

Em 12 de agosto, Master Chief foi interrogado pela ONI em Reach devido aos acontecimentos em Cote D'Azur.

2552

Em 25 de agosto, o cruzador The Pillar of Autumn, com Keyes como capitão, foi escolhido pela doutora Halsey e por Cortana para uma missão secreta.

2552

Em 27 de agosto, John reuniu-se aos Spartans restantes em Reach para uma nova missão: obter uma nave Covenant, viajar até o planeta deles e retornar com a liderança inimiga capturada.

2552

Em 29 de agosto, Master Chief recebeu uma atualização de interface neural e uma nova armadura com tecnologia Covenant. Ele também foi apresentado a Cortana, uma IA criada pela doutora Halsey a partir de seus próprios padrões neurais.

2552

Em 30 de agosto, a Covenant chegou à Reach e iniciou aquilo que se tornou familiar para as forças humanas: a destruição do planeta.

2552

Em 30 de agosto, os Spartans remanescentes dividiram-se em dois times: o vermelho e o azul. John, Linda e James, integrantes do time azul, ficaram encarregados de proteger um banco de dados NAV das mãos da Covenant. Entretanto, Master Chief acabou a bordo do Pillar of Autumn quando Reach foi atacado pela Covenant, em uma investida que custou a vida de James e feriu Linda gravemente.

Com a Covenant na superfície de Reach, o time vermelho dividiu-se para resgatar o almirante Whitcomb e seguir até a instalação subterrânea da ONI com a doutora Halsey. Nesse local, os Spartans receberam armas novas, enquanto Halsey descobriu os planos misteriosos do coronel Ackerson relacionados aos supersoldados.

2552

Em 4 de setembro, o tenente Wagner retornou à Terra para relatar a destruição de Reach ao coronel Ackerson, ao almirante Hood e ao general Strauss.

2552

Em 7 de setembro, a doutora Halsey e os membros do time vermelho descobriram um fragmento enigmático em uma antiga instalação sob a ONI. A equipe azul, que havia se reunido ao time Gamma para resgatar o almirante Whitcomb, reagrupou-se ao time vermelho, que fora cercado pela Covenant em razão do objeto encontrado. A doutora Halsey destruiu a instalação sob a ONI para impedir que a Covenant a controlasse.

2552

Os Spartans remanescentes, o almirante Whitcomb, a doutora Halsey, o sargento Johnson, o tenente Haverson, o subtenente Polaski e o cabo Locklear foram ao Slipspace a bordo da nave híbrida Gettysburg/Ascendant Justice e descobriram que o fragmento misterioso parecia ter a capacidade de dobrar o espaço-tempo.

2552

Em 12 de setembro, a Gettysburg/Ascendant Justice chegou ao sistema Eridanus e a tripulação encontrou-se com os rebeldes sob o governo Jiles. A Dra. Halsey sedou a Spartan-087, Kelly, e fugiu com ela na nave Beatrice. Antes de ir embora, porém, ela deu o artefato alienígena ao cabo Locklear com instruções implícitas para sua destruição.

2552

Em 13 de setembro, o almirante Whitcomb e o tenente Haverson destruíram boa parte da frota Covenant nas proximidades, detonando um Unyielding Hierophant. Os Spartans restantes, ao lado do sargento Johnson e de Cortana, partiram para a Terra a fim de alertar sobre a iminente invasão Covenant.

2552

Em 19 de setembro, a Pillar of Autumn chegou ao Halo. Uma companhia da UNSC Naval Special Forces, liderada pelo major Antonio Silva, pousou na Halo e estabeleceu uma base operacional a poucos quilômetros do cruzador. A Alpha Base, como foi designada, fortificou-se com o que restou do arsenal da Pillar Of Autumn.

Certa de que Master Chief estava escondido na Alpha Base, a Covenant coordenou um ataque ao local. A investida falhou.

2552

Em 22 de setembro, Master Chief e Cortana, a bordo de uma Longsword nos destroços do Halo, encontraram um Pelican contendo o sargento Johnson, o tenente Haverson, o subtenente Polaski, o cabo Locklear e um grupo de criotubos com a Spartan-058.

Após abandonar a Alpha Base, o major Silva planejou conduzir a nave Covenant Truth and Reconciliation à Terra como um troféu. Porém, a tenente McKay, sua imediata, previu os perigos desse ato para a humanidade em razão dos Flood e destruiu a nave, sacrificando a si, ao major e à tripulação.

2552

Em outubro, a Spartan-062 testou a armadura Mjolnir MARK VI contra um pelotão de ODSTs na Coreia. A armadura foi aprovada e enviada para a Cairo Orbital Defense Platform.

O time azul reagiu às expedições da Covenant na Antártida e na Península de Yucatán. As forças da Covenant na Antártida foram eliminadas por um míssil nuclear.

2552

Em 20 de outubro, Master Chief e o capitão Keyes – este, postumamente – foram condecorados por suas ações em Reach e Halo 04. Nesse ínterim, o comandante da frota Covenant Particular Justice foi punido por heresia antes de ser nomeado Arbiter.

O Prophet of Regret chegou à Terra procurando pelas instalações Forerunners, sem saber que aquele era o planeta dos humanos. Após um breve conflito na África, Regret retirou-se para Halo 05 seguido por Miranda e pela nave UNSC In Amber Clad.

New Mombasa foi destruída pela Covenant.

2552

Em 31 de outubro, durante uma operação de perfuração no planeta Onyx, membros da Spartan-III Gamma Company observaram Sentinels aparentemente recém-ativados operando dentro da Zona 67.

2552

Forças terrestres da UNSC, lideradas pelo coronel James Ackerson, foram surpreendidas pela Covenant em Marte. A batalha resultou na derrota dos humanos. O coronel Ackerson

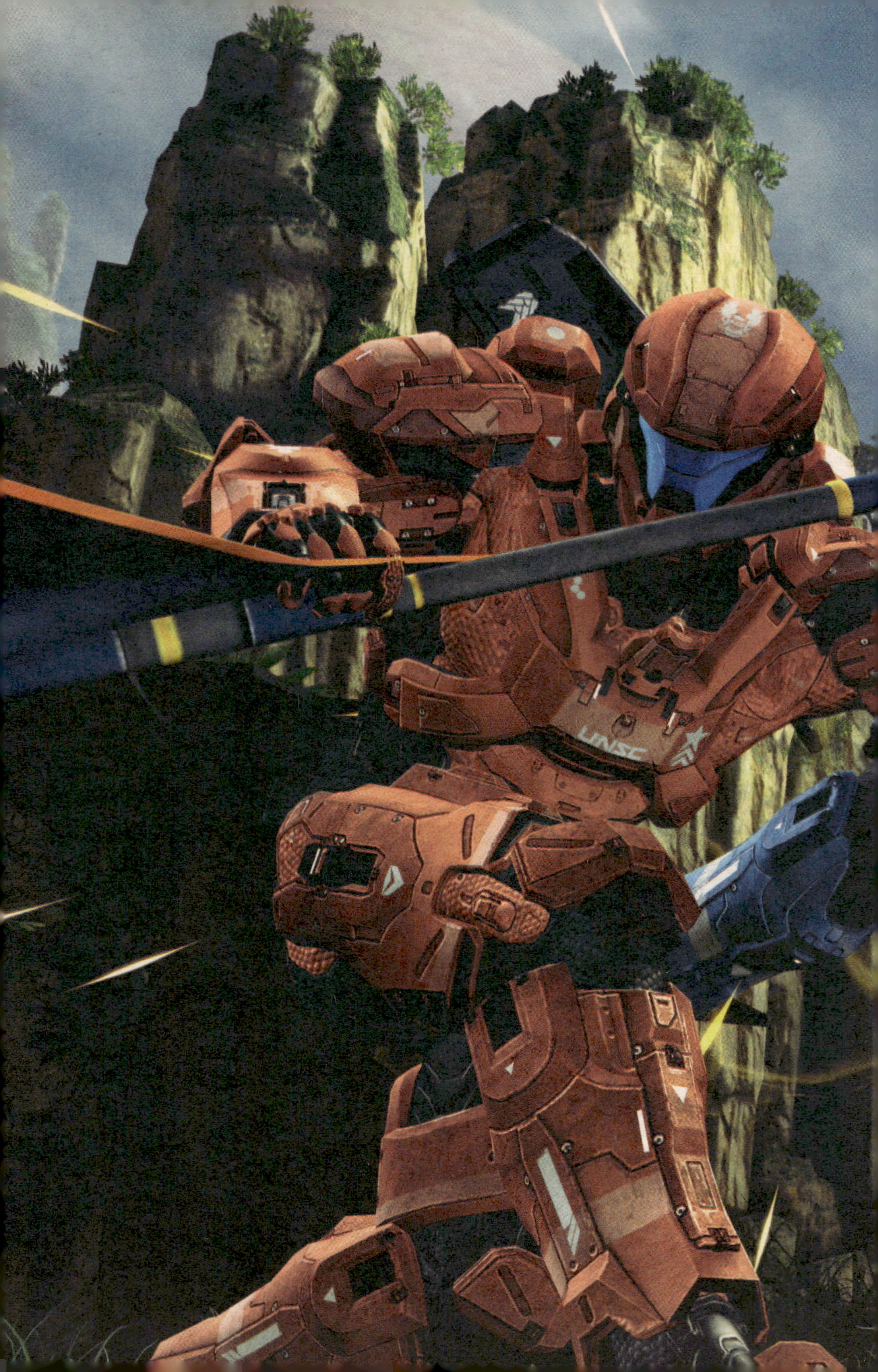
UNSC

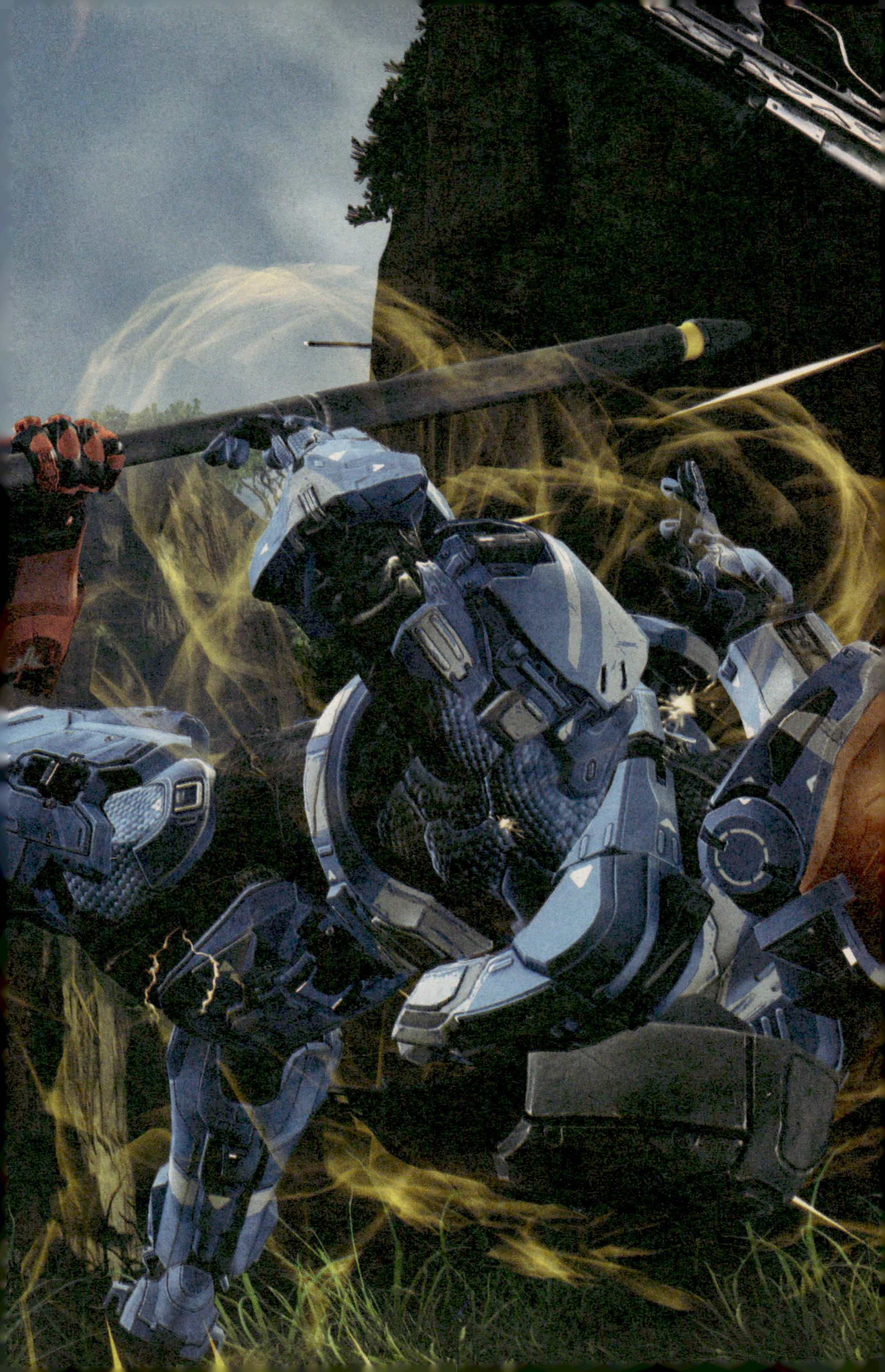

foi capturado e interrogado pelo comandante Lepidus a bordo do cruzador Triumphant Declaration. Sob tortura, Ackerson revelou que a Key of Osanalan, localizada na cidade de Cleveland, na Terra, era a chave necessária para acionar as matrizes do Halo. Essa revelação fez a Covenant atacar Cleveland, onde os UNSC Marines e os ODST uniram forças para resistir ao ataque.

2552

Em 3 de novembro, Kelly e a doutora Halsey chegaram ao sistema Zeta Doradus e foram atacadas pelos Sentinels. Após pousar, elas uniram forças com Kurt, Mendez e o pelotão Team Saber do Spartan-III. Halsey coagiu a Inteligência Artificial de Onyx a ajudar os humanos enviando uma mensagem pelo Slipspace para avisar a FLEETCOM sobre os eventos em Onyx. A IA, no processo, detectou outra mensagem sendo transmitida no Slipspace. Tratava-se de um aviso de Cortana, advertindo que os Flood estavam tentando escapar do Delta Halo.

O time azul, composto por Fred, Will e Linda, foi designado para ir ao auxílio da doutora Halsey e dos outros. Eles sequestraram a nave Covenant Bloodied Spirit, mas, no caminho para Onyx, foram surpreendidos por um chamado de socorro. Tratava-se de uma nave Covenant sob ataque que pedia reforços. Ignorando o chamado, os humanos entraram no Slipspace e continuaram rumo a Onyx, sem saber que a Covenant havia acabado de tomar conhecimento de quem estava na nave e para onde iam.

A doutora Halsey descobriu que Onyx era o local ao qual os Forerunners se referiam como o "Escudo do Mundo" e que havia uma fenda Slipspace dentro do planeta. Com a aproximação da Covenant em Onyx, Halsey persuadiu os humanos a entrar na fenda para escapar da destruição. Após a passagem deles, Kurt detonou duas ogivas contra a Covenant. A detonação destruiu grande parte da matéria orgânica do planeta, revelando uma estrutura composta por trilhões de Sentinels designados a proteger a fenda.

2552

Entre novembro e dezembro, ocorreu o armamento das unidades UNSC Navy e Marine em Marte, uma das poucas colônias ainda comandadas pelo governo da Terra.

2552

Em 9 de dezembro, forças da Covenant e da UNSC enfrentaram-se ao leste do Afeganistão, na Terra. Apesar das grandes baixas, os soldados conseguiram localizar a posição de Master Chief quando ele entrou na atmosfera.

2552 – 2553

Após pousar no lado leste da África, Master Chief foi resgatado por um pelotão de fuzileiros da UNSC liderado pelo sargento Avery Johnson e o Arbiter. O grupo dividiu-se para alcançar a zona de extração. Johnson e seus homens conseguiram embarcar em um Pelican, mas foram capturados logo em seguida. Posteriormente, eles foram encontrados e resgatados por Master Chief e pelo Arbiter.

Master Chief, Johnson e o Arbiter chegaram a uma antiga base militar da UNSC próxima à cidade de Voi. A comandante Miranda Keyes e Lorde Hood planejaram um ataque contra o High Prophet of Truth a fim de evitar a ativação do Portal, mas foram interrompidos por um destacamento Covenant que tomou a base.

Enquanto Lorde Hood ordenava que seus navios remanescentes atacassem a frota de Truth, uma entrada Slipspace foi criada pelo Portal. Uma nave infestada de Flood caiu próxima a Voi e a cidade foi rapidamente dominada pelo parasita. Nessa nave, uma mensagem de Cortana informava que o Portal detinha o segredo para a destruição dos Flood.

Após passarem pelo Slipspace do Portal, a comandante Keyes e sua frota chegaram ao Ark. Depois de um breve confronto entre forças da UNSC e da Covenant, Master Chief e o Arbiter descobriram que Ark estava situada além da orla da galáxia, portanto a salvo do alcance destrutivo dos Halos. Além de sua localização privilegiada que evitava os Flood, o local também servia para a construção de Halos substitutos caso os verdadeiros fossem danificadas ou destruídas.

A comandante Keyes, a caminho da sala de controle de Ark onde Johnson foi preso, foi morta pelo Prophet of Truth. Ele usou Johnson para ativar os sete Halos.

Unindo forças com os Flood, Master Chief e o Arbiter eliminaram Truth e suas defesas. Em seguida, uma série de eventos inesperados ocorreu, com a traição de Gravemind a Master Chief e ao Arbiter enquanto Johnson fugia a bordo de um Pelican.

Cortana concebeu um plano para destruir os Flood. Localizada a uma distância segura da galáxia, a Installation 04 era o lugar ideal para eliminá-lo sem afetar a Via Láctea. Master Chief usou o Index da antiga Installation 04 para disparar o Halo e acabar com os Flood.

Johnson foi morto pela 343 Guilty Spark, que, por sua vez, foi destruída por Master Chief. Esse, ao lado do Arbiter, entrou na UNSC Forward Unto Dawn. Porém, devido à agitação do Halo, o Slipspace do Portal foi desativado. Metade da nave contendo o Arbiter passou pelo portal, enquanto Master Chief e Cortana ficaram para trás.

2553

Em 3 de março, a guerra entre os humanos e a Covenant chegou ao fim. Um memorial dedicado às vítimas foi construído no Quênia, na Terra.

CAPÍTULO 8
GLOSSÁRIO

ANCILLA: Inteligência Artificial altamente avançada que se encontra nas armaduras, máquinas, edifícios e naves dos Forerunners.

BAFFLER: Técnica de camuflagem Forerunner que emprega distorções geométricas.

B'ASHAMANUNE: Uma variedade equatorial dos humanos magros e ágeis que vivem nos campos de Erde-Tyrene.

BEN NAUK: Um planeta vizinho de Charum Hakkor e Faun Hakkor, também ocupado por seres humanos.

BREVET MUTATIONS: Mutações arriscadas que podem ser bem-sucedidas, como as mutações tradicionais, mas frequentemente apresentam complicações por serem menos praticadas e aprimoradas.

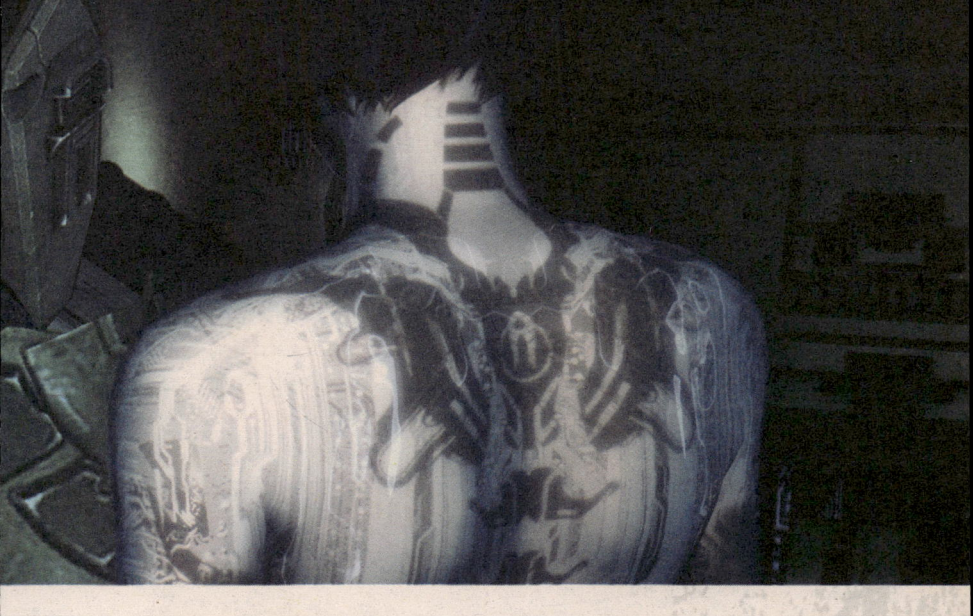

BUILDER SECURITY: Forerunners que lidam com as questões de segurança e combate para os Builders.

BUILDERS: O mais alto e poderoso grupo entre os Forerunners, liderados pelo Master Builder.

(THE) CAPITAL: Centro político ecúmeno dos Forerunners, abriga mais de 20 mil anos de sabedoria Forerunner e é o lar de aproximadamente 100 mil deles, especialmente Builders.

CHAMANUNE (CHAMANUSH): Uma variação da espécie humana em Erde-Tyrene. As suas características principais são a pele bronzeada e a ausência de pelos.

CHARUM HAKKOR: Um planeta importante que já serviu como "hub world" e palco para uma grande guerra Forerunner.

(THE) COLLEGE OF STRATEGIC DEFENSE OF THE MANTLE: Por

vezes chamada de "War College", é uma escola de guerreiros Forerunners.

(THE) CONFIRMER: Um comandante Promethean designado pelo Council a guardar e proteger as San'Shyuum.

(THE) COUNCIL: Um conselho formado por ao menos 500 representantes de vários grupos Forerunners.

COUNCIL SECURITY: Um grupo designado para proteger o Council.

CRYPTUM: Também conhecida como "Warrior Keep", trata-se de uma estrutura fechada a qual um Warrior-Servant adentra para um exílio autoimposto, hibernando em um estado meditativo de transcendência chamado "Timeless Xankara".

DAZZLER: Técnica de camuflagem Forerunner que causa alucinações visuais e auditivas.

(THE) DIDACT: Um guerreiro Promethean banido que já serviu como protetor dos Forerunners.

DIGON: Uma língua antiga falada quase exclusivamente pelos Warrior-Servants.

DJAMONKIN AUGH: Uma ilha em forma de anel conhecida como "Big Man's Water", situada em Erde-Tyrene.

DURANCE: Um recipiente que mantém a "essência reduzida" de um Forerunner após a morte física.

ECUMENE: O império Forerunner, composto por 3 milhões de mundos férteis.

EDOM: Um mundo vermelho e deserto que serve como lar para os mineradores Forerunners.

ERDE-TYRENE: Um planeta vizinho de Edom, atualmente ocupado por seres humanos.

FAUN HAKKOR: Um planeta vizinho de Charum Hakkor que já foi ocupado por humanos.

GEAS: Um comando genético que pode deslocar ou persuadir indivíduos ou gerações para um destino planejado.

GHIBALB: O planeta natal dos Forerunners. Antes paradisíaco, acabou se tornando cinza e desolado devido aos erros primários dos Forerunners na engenharia estelar.

HALO: Estação espacial em forma de anel considerada a arma final contra os Flood.

HAMANUNE (HAMANUSH): Uma diminuta variedade da espécie humana vulgarmente conhecida como Florian. Eles têm a metade do tamanho de um chamanune.

HURAGOK: Ferramentas tecno-orgânicas dos Builders que flutuam sobre o chão.

JAGON: Idioma antigo dos Forerunners, embora não tão arcaico quanto o Digon.

JANJUR QOM: Planeta primário tido como o maior dos San'Shyuum.

KASNA: Uma bebida verde inebriante dos San'Shyuum.

K'TAMANUNE: Espécie humana de pele ocre que vive em climas gelados.

(THE) LIBRARIAN: A maior e mais prestigiada função da casta Lifeworker; apenas três seres alcançaram essa posição em toda a história dos Forerunners.

LIVING TIME: Conceito filosófico Forerunner relacionado ao fluxo do tempo e à alegria da interação da vida com o Cosmos.

MANIPLE: Uma divisão específica, definida pela função do indivíduo, dentro de uma família ou guilda Forerunner.

MANIPULAR: A mais simples forma física de um Forerunner que antecede a sua primeira mutação.

(THE) MANTLE: Um sistema de crenças seguido pelos Forerunners que é necessário para a proteção e promoção da vida.

MARONTIK: A maior comunidade humana em Erde-Tyrene.

MASTER BUILDER: Um título dado ao chefe dos Builders e de todas as guildas.

METARCH: Um nível avançado de ancilla à disposição exclusiva do Council.

MUTATIONS: O ato de personalizar a maturação biológica de um Forerunner para atingir novas formas. O processo, normalmente realizado de duas a cinco vezes ao longo da vida, determina a posição do Forerunner dentro de sua família ou guilda.

ORGANON: Um dispositivo que se acredita ser capaz de reativar os artefatos dos Precursors.

PHERU: Um animal de estimação dos seres humanos que veio originalmente do planeta Faun Hakkor.

PHYLARCH OF BUILDERS: Um líder Builder particularmente notório por seu papel no restabelecimento dos Warrior-Servants em resposta a uma grande ameaça.

PLASMA JOCKEYS: Um termo coloquial dos Builders para os engenheiros da classe estelar equipados com ancilla de terceira classe. O papel deles é domar estrelas novas para usá-las no futuro.

PRECURSORS: Civilização que antecedeu os Forerunners, deixando para trás rastros inescrutáveis de seu modo de vida.

PROMETHEANS: Classe nobre dos Warrior-Servant Forerunners de um passado distante.

RATE: A sociedade Forerunner é estruturada pelos seguintes "rates" (postos) de diferentes funções sociais e importância cultural: Builders, Miners, Lifeworkers, Warrior-Servants e Engineers.

SAN'SHYUUM: Uma espécie pacífica interessada no próprio aprimoramento por meio da ciência.

SUPREME MANTLE COURT: Uma rara reunião promovida pelo Council para discutir assuntos de extrema importância.

SYNCHRONS: Um nexo de grandes forças e personalidades que muda drasticamente a vida de um indivíduo.

WAR SPHINXES: Máquinas de combate aéreo usadas pelos Warrior-Servants Forerunners.

Este livro foi composto na fonte Eurostile e
impresso em papel Jornal 48,8g/m² na gráfica CLY.